위험한 미래
함께 극복합

김 영 익   알아야 대비할 수 있다.

박 정 호

더 위험한 미래
하지만 「긍정의 힘」을 믿습니다.

김 현 석

욕심을 버리면
방법이 보입니다.

국민주거안정!
우리의 미래입니다!

韓 文 道

한국의 사람적 이익을
도모하며!
김 현 욱

더 위험한
미래가 온다

THE TREND

최고의 지성과 함께하는 미래 인사이트 시리즈

더 · 트 렌 드

"미래는 이미 우리 옆에 와 있다. 단지 널리 퍼져 있지 않을 뿐이다" – 윌리엄 깁슨
급변하는 시대 속에서 다가올 미래에 대한 지식은 그 어떤 것보다 소중한 가치를 지닙니다.
[THE·트렌드]에서 최고의 지성들과 함께 한발 앞서 미래를 확인하시기 바랍니다.

더 위험한
미래가 온다

1판 1쇄 발행 | 2022년 9월 23일
1판 1쇄 발행 | 2022년 9월 30일

지은이 김영익, 박정호, 김현석, 강영현, 한문도, 김현욱
펴낸이 김기옥

경제경영팀장 모민원
기획 편집 변호이, 박지선
마케팅 박진모
경영지원 고광현, 임민진
제작 김형식

디자인 푸른나무디자인
인쇄 · 제본 민언프린텍

펴낸곳 한스미디어(한즈미디어(주))
주소 04037 서울특별시 마포구 양화로 11길 13(서교동, 강원빌딩 5층)
전화 02-707-0337 | 팩스 02-707-0198 | 홈페이지 www.hansmedia.com
출판신고번호 제 313-2003-227호 | 신고일자 2003년 6월 25일

ISBN 979-11-6007-849-7 13320

더 위험한 미래가 온다

김영익, 박정호, 김현석, 강영현, 한문도, 김현욱 지음

한스미디어

초대형 복합 위기 속에서도 살길은 있다

러시아-우크라이나 전쟁, 하루아침에 천정부지로 치솟은 에너지와 생필품 가격, '통화 긴축'을 선언한 미 연준의 자이언트 스텝, 뒤이은 한국은행의 초유의 4연속 기준금리 인상, 대형주를 비롯한 증시 폭락, 언제 활황이었냐는 듯 순식간에 얼어붙은 부동산 시장, '장기 경기 침체'를 가리키는 각종 경제 지표들….

2022년 1월부터 시작돼 9월 현재까지 숨 가쁘게 몰아쳤던 사건들이다. 그야말로 복합 위기들이 빠른 속도로 몸집을 키우며 덤벼들었다. 더 섬찟한 것은, 아직 2022년이 채 끝나지 않았고 앞선 난제들이 풀리기는커녕 더 큰 위기로 우리를 끌고 들어가려고 한다는 것이다.

이렇다 보니 "먹고살기 힘들다"는 말이 절로 나온다. 하룻밤 자고 일어나면 모든 것들이 어제보다 비싸지는 형국이니 극한의 인플레이션이 몸소 체감된다. 무방비 상태로 시장을 맞닥뜨린 투자자들은 계좌가 녹는 것을 보며 아우성이다. '영혼까지 끌어모아' 부동산을 '패닉 바잉'한 젊은이들은 계속되는 금리 인상 뉴스를 보며 쓰린 속으로 씀씀이를 줄일 수밖에 없게 됐다.

이 위기를 어떻게 해석해야 하는가. 또 앞으로는 어떻게 해야 하는가. 소중한 자산을 어떻게 관리하고 나의 전략을 어떻게 세워야 하는

가. 이 책《더 위험한 미래가 온다》는 어느 때보다 옥죄는 위기의식 속에서 절박한 심정으로 시작되었다. 현재의 위기를 냉철하게 살펴보고 앞으로의 살길을 찾아보고자 시작된 여정은 기획 취지에 흔쾌히 동의해주신 김영익 교수님, 박정호 교수님, 김현석 기자님, 강영현 이사님, 한문도 교수님, 김현욱 교수님 덕분에 결실할 수 있었다. 유튜브와 유수 방송 매체를 통해 6명 저자의 메시지를 자주 접했던 독자라면 이분들을 한자리에 모신다는 것 자체가 얼마나 의미 있는 일인지 아시리라 생각된다.

'거시경제 거장' 김영익 교수는 1장에서 경제 흐름의 방향과 추이를 가늠할 때 필수적으로 봐야 하는 지표들을 점검하며 현재 국내외 경제에 과도하게 쌓인 부채와 그로 인한 거품 붕괴를 경고했다. 각국 중앙은행들이 물가 안정이라는 목표를 달성하기 위해 금리 인상을 멈추지 않을 것이라고 내다보며 장기 침체를 대비해야 한다고 전했다.

'소통하는 경제학자' 박정호 교수는 2장에서 최근 가장 많이 언급되는 키워드인 스태그플레이션과 가계 부채에 대해 살폈다. 스태그플레이션 시대를 맞아 우리는 코로나19 이후 또 다른 전환 국면을 맞게 됐음을 이야기하며 과거에 스태그플레이션이 어떤 모습으로 반복되어왔는지 분석했다. 오래전부터 구조적 문제로 지적되어왔던 국내 가계 부채와 기업 부채에 대해서도 살피며 국내 경제의 당면 과제를 확인했다.

'미국 주식 지킴이' 김현석 기자는 3장에서 러시아-우크라이나 전쟁 이후 무너진 글로벌 공급망 문제와 그 여파를 짚어냈다. 푸틴의 노림수로 시작된 에너지 전쟁이 결과적으로 포퓰리즘 정부를 등장시키고 민주주의를 위협하고 있음을 지적했다. 글로벌 성장이 위축되는 상황 속에서 월가의 투자자들이 인플레이션 고착화를 예견하며 투자 전략을 조율하고 있다며 월가의 풍경도 전했다.

'투자 멘토' 강영현 이사는 4장에서 주식·채권시장이 동시에 큰 폭으로 하락했던 2022년 증시를 다각도로 분석하며 앞으로 3년 시장 추세까지 내다보았다. 매크로 변곡점에서의 주식 투자가 얼마나 위험한 것인지 정확히 알아야 한다고 설명하며 장·단기 투자자 모두 고통스러워지는 '역실적 장세'를 대비해야 한다고 강조했다. "'강세장에서 어떻게 하면 큰 수익을 낼 수 있는가?'를 아는 것도 필요하지만, '약세장을 얼마나 효율적으로 관리하고 큰 손해 없이 빠져나올 수 있었는가'를 배우는 것이 중요하다"라고 말하며, 경기 침체 시대에 반드시 새겨두어야 할 투자 조언을 아낌없이 담았다.

'부동산 현인' 한문도 교수는 5장에서 전국적으로 하락 추세를 보이는 부동산 시장의 현황과 전망을 분석했다. 서울·수도권·전국 주택 거래량과 매물 추이, 전세가율 변화, 미분양분 동향, 경매 지표 등 객관적 부동산 시장 지표를 바탕으로 냉철히 전망을 살폈다. 앞으로 최소 3년간은 부동산 시장 조정이 진행될 것으로 예측되기에, 무주택자와 1주택자·다주택자의 경우로 나누어 대처 방안을 모색했다.

'국제 외교 전문가' 김현욱 교수는 6장에서 그 어느 때보다 불안하게 흘러가고 있는 국제 정세에 대해 살폈다. 전쟁과 기후·질병 등 전 인류적 위기로 기존의 '세계화' 체제가 지속되기 어려워졌고 지금까지 축적되어온 국제 질서 또한 재정립되기 시작했다고 보았다. 각국의 이익에 따라 새로운 경제 동맹 체제도 구축되는 상황이다. 미·중 경쟁이 향후 30~50년간 지속될 것으로 예견되는 한편, 그 틈바구니에서 사활적 이익을 도모해야 하는 한국의 길에 대해서도 모색해보았다.

현재의 경제 생태계가 기존에 우리가 알고 있던 과거의 공식대로 흘러가지 않고, 불쑥 튀어 오르는 정치적 논리로 얽히고설키며 더욱더 불투명해져 가고 있다. 따라서 경제, 정치, 투자, 자산 등을 별개의 포커스로 보지 않고 '위험'이라는 키워드를 통해 통합적이고 유기적인 연결고리로 한눈에 살펴보고자 했다. 또한 단순히 '위험'에 대해서만 논하고 그치는 것이 아니라 실질적인 대처 방법과 자산을 지킬 수 있는 실행 방법까지 제시하고자 했다.

아주 오래된 격언대로 진짜 기회는 공포 그 너머에 숨겨져 있다. 다만 '위기', '위험'의 신호를 가벼이 여기지 않으면서 대처하고 오롯이 준비하는 자만이 거머쥘 기회다. 독자들의 더 큰 성공과 성장을 기원하며 6명 저자의 지혜를 전한다.

CONTENTS

앞으로 3년, 버블의 경고 속
한국 부동산의 현황과 미래 한문도

1장

김영익

하나대투증권 부사장과 대신증권 리서치센터장, 하나금융경영연구소 대표이사 등을 거쳐 현재 서강대학교 경제대학원 교수로 활동하고 있다. 자신만의 '주가 예고 지표'를 바탕으로 지난 9·11 테러 직전의 주가 폭락과 그후의 반등, 2004년 5월의 주가 하락과 2005년 주가 상승 등을 맞춰 일약 '족집게' 애널리스트로 떠올랐다. 2008년 글로벌 금융위기와 2020년 경제위기를 사전에 경고하기도 했다. 5년 연속 《매경이코노미》, 《한경비즈니스》, 《서울경제》, 《조선일보 & FN가이드》, 《헤럴드경제》 등 주요 언론사 베스트 애널리스트에 선정된 바 있으며, 지상파 방송과 유튜브 등 각종 미디어를 통해 어렵고 복잡한 경제 이론과 시장의 상황을 자신만의 철학으로 쉽고 명쾌하게 풀어내고 있다. 지은 책으로는 《3년 후 부의 흐름이 보이는 경제지표 정독법》, 《더 찬스》, 《금리와 환율 알고 갑시다》, 《투자의 신세계》, 《그레이트 리셋》, 《ETF 트렌드 2020》(공저), 《2020~2022 앞으로 3년 투자의 미래》(공저), 《위험한 미래》 등이 있다.

현실이 된 위험한 미래, 글로벌 경제는 어디로 가는가?

다가오는 경기 침체는 결코 피할 수 없다. 중앙은행은 경기가 나빠질 것을 알면서도 물가 안정을 위해 금리를 올릴 수밖에 없고, 이로 인해 소비와 투자는 줄어들 것이다. 주식시장은 거품이 붕괴되는 과정에 있으며 부동산 거품은 붕괴의 초입 단계에 놓여 있다. 위험하기 짝이 없는 미래 속에서 많은 이들이 고통스러운 시기를 견뎌내야 할 것이다.

more
dangerous
future

01
감당하기 어려운
고통의 시기가 온다

　세계 경제는 장기적으로 성장한다. 그러나 성장 과정에서 중간중간 진통이 있기 마련이다. 2000년대 들어 세계 경제는 두 번의 경기 침체를 겪었다. 하나는 2008년 미국에서 시작된 금융위기가 전 세계로 확산한 것이고, 다른 하나는 2020년 코로나19로 세계 경제가 극심한 침체에 빠진 것이었다.

　국제통화기금IMF에 따르면 2009년 세계 경제는 1980년대 이후 처음으로 마이너스(-) 0.1% 성장했다. 그러나 그다음 해인 2010년에 5.4% 성장했다. 또한 2010~2019년 연평균 성장률도 3.7%로 그 이전의 장기 평균(1980~2008년 3.5%)보다 더 높게 성장했다.

　2020년에는 코로나19에 따른 대봉쇄Great Lockdown로 −3.1% 성장했는데 이것은 1930년대 대공황 이후 가장 심각한 경기 침체였다. 그러나 2021년 세계 경제는 6.1% 성장하면서 매우 빠른 속도로 회복되었다.

이와 같은 두 번의 위기를 극복하는 데 각국 정책 당국의 과감한 재정 및 통화 정책이 크게 기여했다. 하지만 위기 극복 과정에서 각 경제주체의 부채는 유례없이 급증했고, 초저금리 정책과 유동성 확대는 각종 자산 가격에 거품을 일으켰다.

결국 2022년 들어 그 부작용이 나타나고 있다. 미국 등 주요 선진국의 인플레이션율은 거의 40년 만에 최고치를 기록할 정도로 치솟고 있다. 채권과 주식시장에서 발생했던 거품이 꺼지고 있으며 조만간 주택 시장도 뒤따를 전망이다. 자산 가격을 결정하는 금리가 올랐고 경제 성장률이 떨어지고 있기 때문이다. 자산 가격 거품 붕괴 충격이

2023년 세계 경제 침체 가능성(비관) 높아

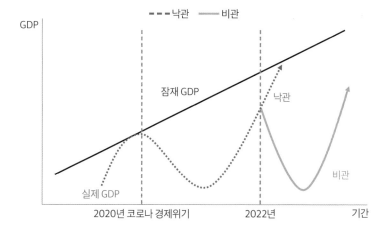

자료: 김영익금융경제연구소

2023년에는 심각한 실물 경제 침체로 이어질 전망이다. 부채가 많은 기업이 구조조정을 할 수밖에 없는 상황이 올 것이다.

문제는 경기를 부양할 수 있는 정책 수단에 한계가 있다는 데 있다. 경제위기가 오면 정부가 재정 지출을 늘릴 것이나, 정부 부채가 높은 수준이기 때문에 과거처럼 재정 정책을 쓸 여지가 크지 않다. 통화 정책의 효과는 기대하기 힘들다. 높은 인플레이션율 때문에 지난 두 번의 위기 때처럼 중앙은행이 금리를 과감하게 내리고 양적 완화를 통해 통화 공급을 크게 늘릴 수도 없는 상황이기 때문이다. 또한 가계와 기업 부채가 많으므로 금리를 인하해도 소비와 투자가 크게 늘 가능성은 적다.

두 번의 경제위기를 극복하는 과정에서 누적되어온 부채 문제와 자산 가격 거품 문제가 해결되어야 세계 경제는 다시 성장을 이어갈 것이다. 하지만 그 이전에 상당한 진통의 시기가 있을 것이다. 그 시기는 2023년, 다소 늦어지면 2024년일 가능성이 크다.

02
부채로 만들어진
세계 경제 성장

세계 경제는 2008년, 2020년 두 번의 경제위기를 매우 빠르게 극복했다. 그러나 이 과정에서 부채가 크게 늘었다. 국제결제은행BIS에 따르면 정부와 민간의 부채를 합한 세계 부채가 2007년 146조 4,000억 달러에서 2020년에는 306조 4,000억 달러로 2배 이상 증가했다. 국내총생산GDP 대비로도 같은 기간 274.2%에서 400.2%로 급증했다. 2021년 세계 경제가 회복되면서 GDP 대비 부채 비율은 362.4%로 낮아졌지만, 규모로는 314조 2,000억 달러로 매우 높은 수준이다.

선진국은 정부 부채, 신흥국은 기업 부채 급증

지역별로 보면 선진국은 정부 부채가 증가했고, 신흥국은 기업 부채가 급증했다. 한국 등 일부 국가에서는 가계 부채가 크게 늘었다. 우선 선진국의 경우 정부 부채가 대폭 증가했다. 2008년 GDP 대비 76.3% 였던 선진국 정부 부채가 2020년에는 135.6%로 증가했으며, 같은 기간 미국 정부 부채도 71.5%에서 131.5%로 늘었다. 신흥국 중에서는 브라질의 부채가 61.5%에서 97.8%로 증가했다.

반면 신흥국의 경우 기업이 부실해졌다. GDP 대비 신흥국의 기업 부채가 2008년 58.7%에서 2020년에는 121.2%로 2배 이상 증가 했다. 특히 이 기간에 중국이 투자 중심으로 고성장을 이어가면서 기업 부채 비율이 93.9%에서 160.8%로 급증했다. 규모로는 같은 기

경제위기 이후 세계 부채 증가

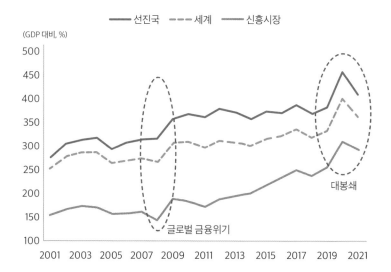

자료: 국제결제은행

간 4조 3,838억 달러에서 24조 8,492억 달러로 거의 5배 증가했다. 2020년 중국의 기업 부채는 세계 기업 부채의 29.3%, 신흥국 기업 부채의 69.3%를 차지했다. 신흥국 기업 부채의 2/3 이상을 중국 기업이 차지하고 있는 셈이다.

한국은 가계 부채가 급속도로 증가

한국도 부채에 의해 성장한 대표적인 나라 가운데 하나이다. 1997년 한국이 외환위기를 겪은 것은 기업 부채의 급증 때문이었다. 1986년부터 1988년까지 한국 경제는 이른바 '3저'(저유가, 저금리, 저달러=엔 강세) 효과로 인해 연평균 12%나 성장했다. 그 이후 한국 기업들은 미래를 낙관적으로 내다보면서 투자를 대폭 늘렸고 그 결과 1990년 GDP 대비 75%였던 기업 부채가 1997년에는 107%로 급증했다. 그러나 1990년 들어 수요가 위축되면서 과잉 투자한 기업들이 부실해지기 시작했고 이들에게 돈을 빌려준 금융 회사도 같이 부실해졌다. 그 결과가 바로 1997년 외환위기(IMF 경제위기)였다. 이는 한마디로 부실한 기업과 금융 회사를 처리하는 과정이었다. 30대 재벌 기업 중 무려 11개가 해체될 만큼 뼈아픈 구조조정을 해야만 했다.

세계는 한국이 구조조정을 짧은 기간에 성공적으로 마무리했다고 평가했다. 당시 건전한 가계와 정부가 기업 구조조정에 크게 기여했다.

1997년 GDP 대비 가계 부채 비율이 50%였고, 특히 정부 부채 비율은 6%로 매우 낮았다. 그래서 정부가 약 170조 원의 공적 자금을 기업과 금융 회사에 투입하면서 구조조정을 할 수 있었다. GDP 대비 기업 부채 비율도 1998년 109%에서 2005년에는 73%까지 떨어졌다. 그러나 그 이후 다시 늘어나기 시작했고, 2021년에는 115%로 외환위기 수준을 훨씬 넘어섰다.

가계 부채는 더욱 빠른 속도로 늘고 있다. 1997년 GDP 대비 50%였던 가계 부채가 2021년에는 107%로 2배 이상 늘었다. 가계 부채가 늘어난 가장 중요한 이유는 금리 하락과 은행의 대출 형태의 변화에서 찾을 수 있다. 1997년 외환위기를 겪은 후 기업의 투자가 상대적으로 줄어들었다. 은행은 대출과 유가 증권으로 자산을 운용하고, 대출은 가계와 기업 대출로 구분한다. 1998년 은행의 대출 중 기업 비중이 71%였고, 가계 비중은 29%였다. 그러나 2006년에는 기업과 가계 대출 비중이 각각 48%와 52%로 역전되었다. 구조조정을 한 기업이 돈을 덜 빌려 쓰다 보니 은행은 가계 대출을 늘릴 수밖에 없었다. 또한 IMF 경제위기를 겪는 동안 일시적으로 16%를 넘어섰던 은행의 가계 대출 금리(1998년 연평균 15.2%)가 2002년 들어서는 6~7%로 떨어지면서 가계의 자금 수요가 크게 늘었다. 그 이후 가계 부채가 빠르게 증가하기 시작했고 2020년부터는 GDP 대비 100%(2021년 107%)를 넘어섰다.

세계에서 가계 부채가 상대적으로나 절대적으로 이처럼 빨리 늘

한국 경제 주체의 GDP 대비 부채 비율 추이

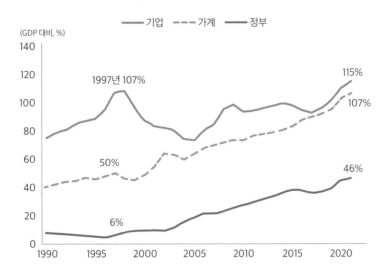

자료: 국제결제은행

어난 나라는 찾아보기 쉽지 않다. 2021년 기준으로 보면 선진국의 GDP 대비 가계 부채 비율이 76%였고 신흥국의 경우에는 51%였다.

여기다가 GDP 대비 정부 부채 비율도 1997년 6%에서 2021년에는 46%로 증가했다. 물론 한국 정부의 부채 비율은 선진국 124%, 신흥국 66%에 비해 낮지만, 증가 속도가 가파르다는 데 문제가 있다. 이처럼 한국 역시 부채에 의해서 성장한 나라 중 하나라는 것은 부인할 수 없는 사실이다.

03
자산 가격에 발생한
과도한 거품들

 세계 경제가 두 번의 위기를 극복하는 과정에서 부채가 급증했을 뿐만 아니라 각종 자산 가격에 거품이 발생했다. 미국을 중심으로 살펴보자.

 미국은 유동성을 풀어 경제위기를 극복했다. 다음 페이지 그림에는 마샬K Marshallian K 추이가 그려져 있는데, 이는 광의 통화량M2을 명목 GDP로 나눈 것으로 한 나라 통화 공급의 적정 수준을 측정하는 지표로 사용된다. 경제위기 이후 마샬K가 크게 증가했다. 특히 2020년 2분기 마샬K가 0.91로 2019년 말(0.70)보다 29.1%나 급증했다. 코로나19 영향으로 2020년 2분기 경제 성장률이 −31.2%(연율)까지 떨어졌고, 2020년 3~4월에는 비농업 부문에서 고용이 2,199만 개나 감소했다. 그 이전 거의 10년에 걸쳐 증가했던 고용이 단 2개월 사이에 눈 녹듯이 사라진 셈이다. 미국 정책 당국은 심각한 경기 침체를 극복하기 위해 재정 지출을 늘리고 돈을 급격하게 찍어낼 수밖에 없었다.

채권시장에서 거품 발생 후 붕괴

실물GDP에 비해 급격하게 늘어난 돈M2은 우선 채권시장에 거품을
초래했다. 2020년 3월에 미국의 10년 국채 수익률이 0.54%까지 떨
어지면서 사상 최저치를 기록했다. 금리와 반대 방향으로 움직이는 채
권 가격이 사상 최고치를 기록했다는 의미다.

미국의 마샬K와 국채 수익률 추이

주: 마샬K는 M2(광의 통화)를 명목 GDP로 나눈 것임
자료: Federal Reserve Economic Data

2022년 들어서면서 미국 연방준비제도(연준)가 금리를 급격하게 인상하고 양적 축소를 단행하는 가운데 마샬K가 줄고 있다. 2022년 2분기에는 0.87로 2년 전보다 3.8% 낮아졌다. 유동성이 축소되는 국면에서는 거품이 발생했던 모든 자산 가격이 본질 가치로 회귀한다. 본질 가치가 없는 자산은 시장에서 사라지기도 한다.

장기적으로 미국의 10년 국채 수익률은 명목 GDP 성장률과 유사한 수준을 유지했다. 실제로 1970년에서 2021년 국채 수익률 평균이 6.1%로 명목 성장률 6.2%와 거의 유사했다. 미국 의회 예산국에 따르면 2022년 8월 현재 잠재 명목 GDP 성장률은 4% 정도인데 이것은 국채 10년 수익률의 적정 수준이 4% 안팎일 것이라는 이야기다. 2022년 6월에는 10년 국채 수익률이 3.47%까지 상승했다. 여전히 적정 수준보다는 낮지만 채권시장에서 거품이 상당 부분 해소되었다.

주식시장에서 거품 붕괴 진행

채권시장에 이어 주식시장에서도 과도하게 생성된 거품이 붕괴되고 있다. 주식시장의 거품 여부를 판단하는 여러 가지 지표가 있는데, 그 가운데 하나가 '버핏 지수'이다. 이는 명목 GDP에 대한 주식시장 시가총액 비율이다. 미 연준이 작성하는 자금 순환에서 각 경제 주체가 보유하고 있는 주식을 시가총액이라 하면, 2021년 4분기에 버핏 지수가 334%로 사상 최고치를 기록했다. 지난 22년(2000~2021년) 평균이 186%였고, 2000년 IT 거품이 발생했을 때 210%였다. 2022년 들어 주가가 하락하면서 1분기에는 310%로 낮아졌지만, 아직도 과거 평균보다 훨씬 높은 수준이다.

미국 가계 금융 자산 가운데 주식 비중도 2021년 4분기에는 54%로 사상 최고치까지 올라갔다. 2000년 IT 거품과 2008년 금융위기 이전에 47~48% 정도였으니 그 어느 때보다도 주가가 많이 올랐다는 의미이다. 2022년 1분기에는 주식 비중이 53%로 낮아졌으나 아직도 매우 높은 수준에 머물고 있다.

미국의 버핏 지수 추이

주: 시가총액은 미 연준 자금 순환 상에서 각 경제 주체가 보유하고 있는 주식 기준
자료: Federal Reserve Economic Data

2022년 상반기에 미국의 주요 주가지수가 20~30% 하락했다가 하반기 들어 반등하고 있지만, 버핏 지수나 가계 금융 자산 중 주식 비중을 보면 주가 하락이 마무리되었다고 보기 힘들다.

주택 시장에서도 거품 발생

2008년 미국의 금융위기는 주택 시장에서 거품이 발생했다가 붕괴하는 과정에서 일어났다. 2000년 IT 거품 이후 주가가 급락하면서 경기가 침체에 빠졌는데, 이를 극복하는 과정에서 연준은 통화 공급을 늘렸고 마샬K가 증가했다. 이는 그 이후 경기 회복과 더불어 주택 가격 상승을 초래했다. 케이스-실러 20대 도시 주택 가격을 보면 2000년 1월에서 2006년 4월 사이에 105.4%나 상승했다.

주택 가격 상승에 따라 미국 가계는 돈을 빌려서 집을 샀고 소비를 늘렸다. 2000년 7조 4,552억 달러였던 가계 부채가 2007년에는 14조 6,133억 달러로 거의 2배나 증가했고, 같은 기간 가처분 소득 대비 가계 부채 비율도 96.5%에서 136.6%로 증가했다.

그러나 2006년 5월부터 주택 가격이 하락세로 돌아섰고, 2009년 5월까지 31.9%나 떨어졌다. 집값 하락으로 연체율이 2005년 말 4.7%에서 2009년에는 9.6%까지 상승했다. 같은 기간 비우량 주택 담보 대출에 해당하는 서브프라임subprime 대출의 연체율은 11.6%에서 26.4%로 급등했다. 이에 따라 금융 회사들이 주택 담보 대출을 기반으로 만든 많은 파생 상품에 문제가 발생하면서 리먼 브러더스 같은 대형 금융 회사들이 파산했다. 2008년 미국의 금융위기는 주택 가격에 생겼던 거품이 붕괴하는 과정에서 발생했던 것이다.

그런데 2012년 이후 미국 주택 가격이 더 빠른 속도로 상승하고 있다. 20대 도시 주택 가격이 2012년 3월에서 2022년 5월까지 131.1%나 급등했다. 같은 기간 소비자물가는 39.6% 상승했고, 가계의 가처분 소득은 50.1% 증가했다. 집값이 물가나 소득에 비해 지나치게 빠르게 오른 셈이다.

그러던 것이 2022년 들어 상황이 급변했다. 미국의 주택 매매 건

미국의 20대 도시 주택 가격 추이

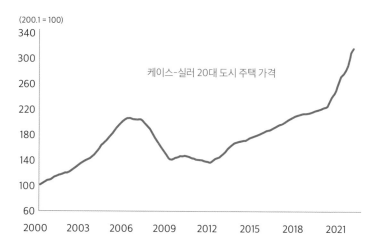

자료: Federal Reserve Economic Data

수가 급격하게 위축된 것이다. 기존 주택 매매 건수는 2022년 1월 649만 호에서 6월에는 512만 호로 낮아졌으며, 신규 주택 매매 건수는 같은 기간 83만 호에서 59만 호로 급감했다. 이는 명백한 집값 하락 신호이다.

물론 집값 하락이 2008년보다는 경제에 심각한 영향을 미치지 않을 것이다. 2022년 가처분 소득 대비 가계 부채 비율이 102.1%로 2008년(132.5%)보다 낮고, 2022년 3월 현재 연체율도 4.1%(서브프라임은 14.7%)로 낮은 수준을 유지하고 있기 때문이다. 그러나 주택 가격이 하락세로 돌아서면 연체율은 다시 높아질 수 있다. 또한 주택 가격 하락은 역의 부의 효과로 미국 GDP의 70%를 차지하고 있는 소비를 위축시킬 수 있다.

04
가속화하는 인플레이션

　세계는 2008년 금융위기와 2020년 대봉쇄 위기를 각국 정부의 과감한 재정 정책과 중앙은행의 통화 정책으로 극복했다. 그러나 이 과정에서 각 경제 주체의 부채가 크게 늘었고 각종 자산 가격에 거품이 발생했다. 금리가 낮은 수준을 유지하고 경기 회복세가 지속되면 부채와 자산 가격 문제가 터지지 않을 수 있다. 하지만 인플레이션율이 매우 높은 수준을 유지하고 있기 때문에 각국 중앙은행은 서둘러 기준금리를 인상하고 있다.

　2022년 6월 미국의 소비자물가 상승률(전년 동월 대비)이 9.1%로 1981년 11월 9.6% 이후 40년 4개월 만에 최고치를 기록했다(7월에는 8.5%로 상승률이 다소 낮아졌다). 2022년 7월 한국의 소비자물가 상승률도 6.3%로 한국이 외환위기를 겪었던 1998년 11월(6.8%) 이후 최고치를 기록했다.

물가 상승률이 이렇게 높아진 이유는 국가마다 약간 차이가 있을 수 있지만, 미국의 물가와 이에 따른 통화 정책이 글로벌 경제와 금융 시장에 가장 중요한 영향을 미치는 만큼 미국 중심으로 물가 상승 요인을 찾아보자.

첫째, 경기 부양을 위한 과감한 재정 및 통화 정책에 따른 수요 회복이 물가 상승 요인으로 작용했다.

2020년을 시작하면서 코로나19로 미국 경제가 소비 중심으로 단기에 극심한 침체에 빠졌다. 특히 2020년 2분기에는 실제 GDP가 의회가 추정한 잠재 GDP에 비해 11.0%(GDP 갭률)나 밑으로 떨어졌다. 이에 따라 미국 정부는 2020년 GDP의 약 17% 해당하는 3조 6,000억 달러의 경기 부양책을 내놓았다. 2021년 3월에도 1조 9,000억 달러의 추가 부양책을 시행했다. 고소득층을 제외한 전 국민에게 1인당 1,400달러를 지급했고 실업 급여로 주당 400달러를 주었으며, 주 정부 및 지방 정부에서도 3,900억 달러를 지원했다. 이처럼 재정 지출이 증가하면서 미국 경제는 빠른 속도로 회복되었다. 2021년 4분기에는 GDP 갭률이 마이너스(-) 0.5%로 실제 GDP가 잠재 수준에 거의 접근했다. 이에 따라 수요가 회복하면서 물가를 상승시켰다.

미국의 GDP 갭률과 소비자물가 상승률

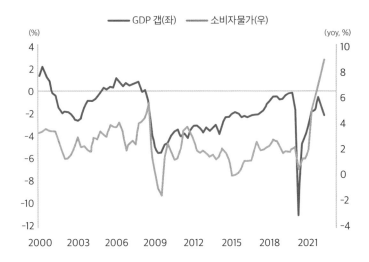

자료: 미 의회, 노동부

둘째, 적정 수준 이상의 통화 공급도 물가 상승을 초래했다.

　피셔의 화폐 수량설$MV=PT$(여기서 M은 통화량, V는 유통 속도, P는 물가, T는 거래량)에 따르면 적정 통화 증가율은 물가 상승률과 실질 GDP 성장률의 합에서 유통 속도 변화율을 뺀 것이다. 1971년에서 2021년까지 통계로 분석해보면 광의 통화$M2$ 증가율이 소비자물가 상승률과 실질 GDP 성장률의 합에 비해 0.6%p 높았다. 유통 속도가 연평균 0.6% 하락했다는 의미이고 장기적으로 미국의 통화 정책이 피셔 방정식에서 크게 벗어나지 않았다는 것을 시사한다. 그런데 연준은 코로나19에 따른 극심한 경기 침체를 극복하기 위해 통화 공급을 크게 늘렸다. 2020년 2분기에서 2021년 1분기 사이에는 실제 M2 증가율이 피셔 방정식에 따른 적정 통화 증가율도 25.7%p나 높았다. 2008년 이후 통계로 분석해보면 이러한 초과 통화 공급이 5분기 시차(상관계수 0.60)를 두고 물가 상승을 초래했다.

셋째, 원자재 가격 급등이 물가 상승의 중요한 원인이 되었다.

코로나19 이후 글로벌 공급망에 차질이 발생했다. 또한 러시아가 우크라이나를 침공하면서 원자재 가격이 급등했다. 원자재 가격이 상승하면 한 나라의 총공급 곡선이 좌측으로 이동면서 물가 상승률은 높아지고 경제 성장률은 낮아진다. 특히 국제 유가 상승이 물가에 가장 큰 영향을 주었다. 2021년 연평균 배럴당 67.9달러였던 서부 텍사스산 유가가 러시아가 우크라이나를 침공한 2022년 2월 이후에 100달러를 넘어섰다. 2000년 1월에서 2022년 7월 통계로 분석해보면 유가 상승률이 물가 상승률에 1개월 선행(상관계수 0.78)하는 것으로 나타났다.

이외에도 중국의 임금이 상승하면서 미국 등 세계에 상품을 더 이상 싸게 공급할 수 없게 되면서 물가도 상승했다. 뒤에서 살펴보겠지만 2022년 하반기 이후에는 물가 상승을 초래했던 요인이 변하면서 인플레이션율이 낮아질 전망이다.

05
심화되는 경기 둔화

　높은 물가 상승률 때문에 미 연준을 비롯한 중앙은행이 경쟁적으로 금리를 인상하고 있다. 금리가 상승하더라도 경기만 좋으면 자산 가격은 더 오를 수 있고 부채 문제도 드러나지 않을 것이다.

　하지만 경기가 둔화하는 조짐이 2021년 하반기부터 나타나고 있다. 세계 경기를 예측하기 위해 경제협력개발기구OECD는 회원국뿐만 아니라 중국을 비롯한 주요 신흥국의 경기 선행 지수를 작성하여 매월 발표하고 있다. 이에 따르면 한국의 선행 지수가 2021년 5월을 정점으로 먼저 꺾였고 OECD 선행 지수도 7월을 정점으로 8월부터 하락 추세로 전환되었다.

　과거 통계를 보면 대체로 한국의 선행 지수 저점과 정점이 OECD 전체 선행 지수보다 앞섰다. 이런 의미에서 일부 경제학자들은 한국 경제를 세계 경제의 풍향계라 한다. 특히 미국 예일대학 교수인 스티븐

OECD 선행지수 추이

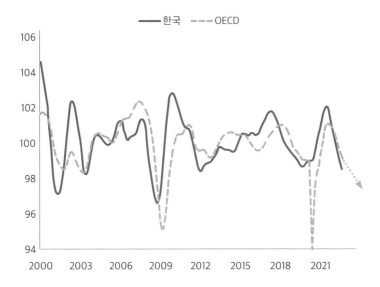

자료: OECD

로치는 한국 경제를 '탄광 속 카나리아'라고 했다. 카나리아는 탄광에서 유독 가스가 나오면 먼저 쓰러져 위험을 알린다는 새다.

2021년 하반기부터 물가를 오르고 있는데 경기 둔화 조짐이 OECD 선행 지수에서 나타난 것이다. 이런 상황에서 2022년 2월 러시아가 우크라이나를 침공하면서 일시적으로 원자재 가격이 급등했다. 원자재 가격 상승은 그 이전에 존재했던 물가 상승 압력을 더 높였고 경기 둔화 정도를 심화시키고 있다.

이는 IMF가 2022년 7월에 발표한 〈세계 경제 전망World Economic Outlook〉의 제목Gloomy and More Uncertain에서 그대로 드러나고 있다. IMF

IMF 세계 경제 전망(2022년 7월)

	2021년	2022년			2023년		
		2022년 4월 (A)	2022년 7월 (B)	조정 폭 (B-A)	2022년 4월 (C)	2022년 7월 (D)	조정 폭 (D-C)
세계	6.1	3.6	3.2	△0.4	3.6	2.9	△0.7
선진국	5.2	3.3	2.5	△0.8	2.4	1.4	△1.0
미국	5.7	3.7	2.3	△1.4	2.3	1.0	△1.3
유로존	5.4	2.8	2.6	△0.2	2.3	1.2	△1.1
독일	2.9	2.1	1.2	△0.9	2.7	0.8	△1.9
프랑스	6.8	2.9	2.3	△0.6	1.4	1.0	△0.4
이탈리아	6.6	2.3	3.0	0.7	1.7	0.7	△1.0
스페인	5.1	4.8	4.0	△0.8	3.3	2.0	△1.3
일본	1.7	2.4	1.7	△0.7	2.3	1.7	△0.6
영국	7.4	3.7	3.2	△0.5	1.2	0.5	△0.7
캐나다	4.5	3.9	3.4	△0.5	2.8	1.8	△1.0
한국	4.0	2.5	2.3	△0.2	2.9	2.1	△0.8
기타 선진국	5.1	3.1	2.9	△0.2	3.0	2.7	△0.3
신흥 개도국	6.8	3.8	3.6	△0.2	4.4	3.9	△0.5
중국	8.1	4.4	3.3	△1.1	5.1	4.6	△0.5
인도	8.7	8.2	7.4	△0.8	6.9	6.1	△0.8
러시아	4.7	△8.5	△6.0	2.5	△2.3	△3.5	△1.2
브라질	4.6	0.8	1.7	0.9	1.4	1.1	△0.3
멕시코	4.8	2.0	2.4	0.4	2.5	1.2	△1.3
사우디	3.2	7.6	7.6	-	3.6	3.7	0.1
남아공	4.9	1.9	2.3	0.4	1.4	1.4	-

자료: IMF, 〈세계 경제 전망〉(2022년 7월)

는 분기별로 세계 경제 전망을 하는데, 7월 전망에서 4월 전망보다 세계 경제 성장률 전망치는 낮추고 물가 상승률 전망치는 상향 조정했다. 4월 전망에서 2022년 세계 경제 성장률을 3.6%로 전망했으나 7월에는 3.2%로 0.4%p 낮춘 것이다. 2023년 성장률 전망치도 3.6%에서 2.9%로 0.7%p나 내렸다. 특히 IMF는 미국 경제 성장률 전망치를 대폭 하향 조정했다. 2022년 4월 전망에서는 2022년 미국 경제 성장률을 3.7%로 예상했으나 7월 전망에서 2.3%로 내렸고, 2023년 전망치는 2.3%에서 1.0%로 대폭 낮췄다. 다른 나라 전망치도 정도의 차이이지 내리기는 마찬가지였다. 참고로 2022년과 2023년 한국 경제도 2.3%와 2.1% 성장할 것으로 전망하면서 전망치를 낮췄다

그러나 7월 전망에서 2022년과 2023년 세계 소비자물가 상승률은 각각 8.3%와 5.7%로 이전보다 0.9%p씩 올려 전망했다.

06
중앙은행의 금리 인상,
스태그플레이션에 빠진
세계

앞서 살펴본 것처럼 우크라이나 전쟁 이후 물가는 오르고 경기는 나빠지는 이른바 스태그플레이션 조짐이 세계 경제에 나타나고 있다. 통계상으로 2022년 상반기에 미국 경제는 스태그플레이션에 빠졌다. 미국 경제는 2022년 1분기에 −1.6% 성장한 이후 2분기에도 −0.9% 성장했다. 보통 한 나라 경제가 2분기 연속 마이너스 성장하면 그 나라 경제가 침체recession에 빠졌다고 한다. 그러나 소비자물가 상승률은 1분기와 2분기에 각각 8.0%와 8.6%로 거의 40년 만에 최고치를 기록했다.

중앙은행의 가장 중요한 정책 목표는 물가 안정이다. 세계의 주요 중앙은행이 소비자물가 상승률 기준으로 2%를 목표치로 설정하고 있다. 그런데 미국의 소비자물가 상승률이 8%를 웃돈 것처럼 물가 상승률이 목표치를 훨씬 넘어서고 있다. 그래서 중앙은행은 경기가 둔화하고 있는데도 기준금리를 인상할 수밖에 없는 상황에 직면한 것이다.

미국의 중앙은행인 연방준비제도(연준)가 2022년 3월부터 연방 기금 금리를 과감하게 인상하고 있다. 우선 3월에는 연방 기금 금리를 0.00~0.25%에서 0.25~0.50%로 0.25%p 인상하는 '베이비 스텝'을 밟았다. 그러나 5월에는 기준금리를 0.50%p 인상하면서 '빅 스텝'을, 6, 7월에는 0.75%p씩 올리면서 '자이언트 스텝'까지 단행했다. 2022년 7월 연준의 연방 기금 금리 목표 수준이 2.25~2.50%로 3월보다 2.25%p나 높아진 셈이다.

미 연준의 기준금리 추이

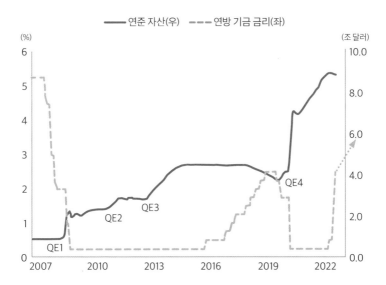

자료: 미 연준

연준은 통화 정책 방향을 결정하는 연방공개시장위원회FOMC를 1년에 8번 개최한다. 이 가운데 네 번(3, 6, 9, 12월)의 FOMC에서는 공식적으로 경제 성장률과 물가 상승률 등 주요 경제 지표를 수정해서 전망한다. 그리고 이때 연준 위원 18명이 각자의 적정 금리를 제시하는데, 이것이 '점도표Dot Plot'에 나타나 있다. 2022년 6월 개최되었던 FOMC에서 8명의 위원이 2022년 적정 금리 수준을 3.25~3.50%로

2022년 6월 FOMC의 점도표(Dot Plot)

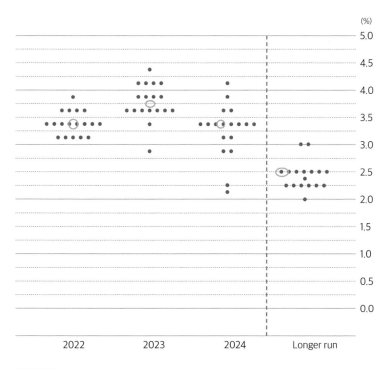

자료: 미 연준

더 위험한 미래가 온다

제시했다. 2023년에는 7명의 위원이 3.50~3.75%를 적정 금리로 보았고, 9명은 3.75%에서 4.5%까지 제시하기도 했다. 점도표는 당시 경제 상황에 따라 크게 변하지만, 6월 기준으로 보면 앞으로도 연준이 금리를 추가로 인상할 수 있다는 것을 시사한다.

미 연준뿐만 아니라 세계 주요 중앙은행이 경쟁력으로 기준금리를 인상하고 있다. 유럽중앙은행ECB뿐만 아니라 영국 중앙은행인 영란은행BOE도 기준금리를 2022년 7월과 8월에 0.5%p 인상하면서 빅 스텝을 단행했다. 한국은행은 2021년 8월부터 먼저 기준금리를 인상했는데 2022년 8월 현재 한국은행 기준금리는 2.50%로 2021년 7월(0.50%)보다 2%p 높아졌다.

07

더욱 깊어지는 경기 침체,
진짜 위기는
아직 오지 않았다

    경기는 둔화하고 있는데 각국 중앙은행은 물가 안정 목표를 달성하기 위해 금리를 인상하고 있다. 금리 인상은 자산 가격을 하락시키는 요인으로 작용한다. 또한 금리 인상은 시차를 두고 소비와 투자를 감소시킨다.

    앞서 미국 중심으로 살펴보았지만 금리 인상으로 각종 자산 가격에 발생했던 거품이 꺼지고 있는 과정이다. 채권시장에서 먼저 거품이 붕괴했고 2022년에 들어서서는 주식시장에서 거품이 꺼지고 있다. 뒤이어 주택 시장에서도 거품이 붕괴할 조짐이 나타나고 있다. 자산 가격 하락은 가계의 자산을 줄이고 나아가서는 소비 여력을 축소시킨다. 세계 경제가 소비 중심으로 급격하게 위축될 가능성이 크다는 것이다.

    미국 경제의 현재 상황과 미래를 실질 금리로 살펴볼 수 있다. 여기서 실질 금리란 국채 10년 수익률에서 소비자물가 상승률을 차감한 것이다. 물가 상승률보다 금리가 높아야 가계가 저축을 한다. 실제로 1970년에서 2021년까지 미국의 실질 금리는 연평균 2.2%였다. 그런데 미국의 실질 금리가 2022년 3월에는 마이너스(-) 6.4%로 사상 최저치를 기록했다.

실질 금리가 플러스로 전환하기 위해서는 금리, 즉 10년 국채 수익률이 오르거나 물가 상승률이 낮아져야 한다. 그래서 2020년 3월에 0.54%까지 떨어졌던 10년 국채 수익률이 2022년 6월에는 3.47%로 올라왔다. 10년 국채 수익률은 장기적으로 명목 GDP 성장률과 유사한 수준을 유지했다. 미 의회에 추정에 따르면 잠재 명목 GDP 성장률은 4% 정도이다. 10년 국채 수익률의 적정 수준이 약 4%일 것이라는 이야기다.

이를 고려하면 미국의 금리가 더 오를 수 있다. 그러나 실질 금리가 플러스로 돌아서기 위해서는 물가 상승률이 더 낮아져야 한다. 2022년 7월 현재 8.5%인 소비자물가 상승률이 4% 이하로 낮아져야 실질 금리가 플러스로 전환할 수 있다. 실질 금리의 장기 평균이 2.2%였던 것을 고려하면 물가 상승률은 2% 아래로 떨어져야 한다.

물가 상승률이 과연 이처럼 낮아질 수 있을 것인가? 미국 소비자물가 상승률은 2022년 6월 9.1%를 정점으로 점차 낮아질 것으로 보인다. 앞서 물가 상승을 초래했던 요인들이 변하고 있기 때문이다. 우선 실제 GDP와 잠재 GDP의 퍼센트(%) 차이로 표시되었던 GDP 갭률의 마이너스 폭이 2022년 들어 확대되고 있다. 2021년 −0.5%였던 GDP 갭률이 2022년 1분기와 2분기에 각각 −1.4%와 −2.1%였다. 그만큼 수요가 위축되면서 물가 상승률이 낮아질 수 있다.

다음으로 물가 상승을 초래했던 과잉 유동성이 급격하게 축소되고 있다. 피셔의 화폐 수량설을 응용하면 2020년 2분기에는 적정 수준보다 29.2%p나 높았던 M2 증가율이 2022년 1분기에는 마이너스 돌아섰고 2분기에는 −3.6%로 마이너스 폭이 더 커졌다. 연준의 이러한 급격한 통화 정책의 방향 전환은 물가 안정을 초래할 가능성이 크다. 여기다가 물가 상승을 초래했던 각종 원자재 가격이 금속을 중심으로

미국의 실질 금리 추이

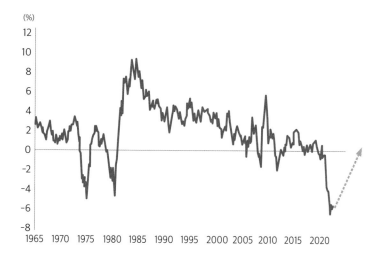

주: 10년 국채 수익률과 소비자물가 상승률 차이
자료: Federal Economic Data

크게 하락하고 있다. 특히 소비자물가 상승률에 높은 상관관계를 가지면서 1개월 선행했던 유가가 떨어지고 있다.

이런 요인을 고려하면 미국 물가 상승률은 2022년 6월을 정점으로 하락 추세로 접어들었을 가능성이 크다. 문제는 하락 속도이다. 이는 실질 금리의 정상화 속도에 달려 있다. 1970년 이후 통계로 보면 마이너스 실질 금리가 2년 이상 진행되는 경우는 없었다. 2020년에 실질 금리가 −0.3%였고 2021년에는 −3.3%로 확대되었다. 지난 사례에 벗어나지 않는다면 2023년에는 실질 금리가 플러스로 전환할 수 있다. 소비자물가 상승률이 머지않아 4% 이하로 떨어질 수 있다는 의미이다. 그러나 물가 상승률 하락은 그만큼 수요 특히 소비가 위축된다는 뜻이다.

2008년과 2020년 경제위기를 극복하는 과정에서 각 경제 주체의 부채가 급증했고, 자산 가격에 거품이 발생했다. 인플레이션을 억제하기 위한 각국 중앙은행의 금리 인상으로 채권, 주식, 주택 순서로 거품이 붕괴하고 있다. 2023년에는 부채가 많은 각 경제 주체의 문제가 드러나면서 경기 침체 정도가 깊어질 수 있다.

2008년에 미국의 금융위기가 전 세계로 확산하면서 2009년 세계 경제는 IMF가 통계를 발표하기 시작한 1980년 이후 처음으로 마이너스 성장했다. 2009년에 미국을 중심으로 선진국 경제가 −3.3% 성장했지만, 세계 경제 성장률이 −0.1%에 그친 것은 중국 경제가 9.4%나 성장했기 때문이었다. 2020년 코로나19로 세계 경제는 −3.1% 성장으로 1930년대 대공황 이후 가장 심각한 침체에 빠졌다. 그러나 2021년 세계 경제는 6.1% 성장으로 급격한 회복세를 보였다. 각국 정부가 전례가 없을 정도로 지출을 늘렸고 중앙은행은 대규모로 통화를 공급했기 때문이었다.

이처럼 또 다른 경제위기가 눈앞에 다가오고 있다. 그런데 2009년 세계 경제 성장을 떠받쳤던 중국 경제가 과잉 투자의 후유증으로 비틀거리고 있다. 경제가 침체에 빠지면 정부가 또 다른 경기 부양책을 내놓을 것인데, 선진국 중심으로 정부 부채가 매우 높은 수준이므로 재정 정책의 여력이 크지 않다. 통화 정책 효과는 기대하기 어렵다. 금리를 내릴 여지도 크지 않고, 금리를 인하해도 부채가 많은 가계와 기업이 소비와 투자를 크게 늘리지는 않을 것이다. 그래서 다가오는 경제 침체는 2000년대의 두 번의 침체보다 더 깊고 더 오랫동안 지속할 가능성이 크다.

08
위험한 미래, 어떻게 대비하고 생존할 것인가

다가오는 경기 침체는 결코 피할 수 없다. 중앙은행은 경기가 나빠질 것을 알면서도 물가 안정을 위해 금리를 올릴 수밖에 없고, 이로 인해 소비와 투자는 줄어들 전망이다. 기준금리 인상에 따라 채권시장에서는 이미 거품이 많이 붕괴했다. 금리 상승과 경기 둔화로 주식시장의 거품이 붕괴하는 과정에 있으며 부동산 거품은 이제 붕괴의 초입 단계에 놓여 있다. 위험하기 짝이 없는 미래 속에서 많은 이들이 고통스러운 시기를 견뎌내야 할 것이다. "어떻게 이런 상황에 대비해야 하는가?"라는 질문에 나 역시 명쾌한 해답을 내놓기란 어렵지만, 몇 가지 해답의 단초를 제시하고자 한다.

자산은 결국 본질 가치로 회귀한다

자산 가격은 그것이 지닌 본질 가치로 수렴한다. 유동성이 확대될 때는 모든 자산 가격이 지나치게 오르면서 본질 가치를 과대평가한다. 2022년 현재는 유동성이 축소되는 국면이다. 이럴 때는 모든 자산 가격이 본질 가치로 회귀한다. 자산 가격은 하락할 때는 연착륙보다는 경착륙하는 경우가 많다. 떨어질 때는 본질 가치 이하로 하락한다는 것이다. 본질 가치가 없는 자산들은 시장에서 사라지기도 한다. 그 대표적인 예가 바로 일부 '코인'이다. 그리고 일정 시간이 지나면 본질 가치가 있는 것들은 제 가격으로 회복한다. 그것이 사이클이다.

그런 맥락에서 본다면, 일단은 이 시기가 지나가기를 기다려야 한다. 주식 투자자에게는 인내가 필요한 시기다. 금융 자산 중 일부는 현금으로 보유하면서 주식을 싸게 살 기회를 기다려야 한다. 2022년 3분기에 한국을 포함한 세계 증시가 반등하고 있지만, 다가올 경기 침체를 고려하면 아직 주가가 상승 추세로 전환되었다고 보기는 힘들다.

2022년 1분기와 2분기에 마이너스 성장했던 미국 경제가 3분기에는 플러스 성장으로 돌아설 수 있지만, 4분기와 2023년 상반기에는 소비 중심으로 마이너스 성장 폭이 확대될 수 있다. 수출 의존도가 높은 한국 경제도 2023년에는 세계 경제 침체에 따라 성장률이 크게 떨어질 전망이다. 주가와 같이 움직이고 있는 선행 지수 순환 변동치가 2021년 6월을 정점으로 하락하다가 2022년 6월 이후에는 주춤거리고 있지만, 이에 선행하는 장단기 금리 차이가 7월부터 급격하게 축소되면서 다시 선행 지수 하락을 예고하고 있다. 실제로 경기가 침체에 빠지면 주가는 한 단계 더 떨어질 수 있다. 그 시기가 2022년 말에서 2023년 상반기일 가능성이 크다고 본다. 물론 이때는 우리가 주식을 아주 싸게 살 기회일 것이다.

주식 투자를 대하는 법

지금처럼 상승과 하락, 급락과 급등을 반복하더라도 주식 투자는 계속하는 것이 좋다. 한국의 임금 소득은 별로 안 오르고 은행 금리는 너무 낮기 때문이다. 은행에 예금만 해서는 절대 돈을 불릴 수 없는 시대다. 결국 주가는 장기적으로 오른다는 사실을 믿어야 한다. 이와 더불어 주식시장이 좋든 나쁘든 배당 투자는 꼭 해야 한다. 채권에 투자하는 것 역시 권장할 만하다. 10년 만기 3% 국채를 사면 10년 동안 그만큼 이자를 받을 수 있고, 혹시라도 도중에 금리가 떨어지면 팔아서 시세 차익도 누릴 수 있다. 만약 2023년 상반기에 주가가 많이 떨어지거나 금리가 떨어질 경우에는 채권을 팔아 주식 투자를 하면 된다. 국채는 ETF(상장지수펀드)로도 살 수 있다.

좋은 주식이라면 오래 가져가도 된다. 하지만 저성장 구조에서는 경제 규모 파이가 줄어들기 때문에 경쟁력 없는 기업은 퇴출된다. 한 번

쯤 자신이 가지고 있는 종목을 꼼꼼하게 검토해서 정리할 필요가 있다. 만약 주식 투자에서 현재 30~40% 손해를 보았을 경우 우량 기업이 아니라면 손실을 봤다고 생각하지 말고 처분하는 편이 낫다. 내년에는 그 기업이 없어지거나 그 이상 손해가 날 수도 있기 때문이다.

주가는 떨어지면 반등한다. 하지만 추세적 상승은 아니라서 박스권이 될 것이다. 2022년 상반기에 2300까지 내려갔던 코스피KOSPI가 2024년에는 3,000선을 넘어설 것으로 예측한다. 물론 전고점이던 3,300을 넘어야 대세 상승인데, 그것을 넘기려면 시간이 더 필요하다. 그래도 기다리면 그 시기는 온다. 앞으로 1년은 주식을 저렴하게 살 수 있는 좋은 시기다.

부동산 투자는 최대한 신중하게

부동산은 얼마나 떨어지느냐만 남았다. 자산 가격이 떨어질 때는 연착륙이라는 것이 없다. 소득이나 물가 등을 기준으로 볼 때 전국 평균 집값이 30~40% 과대평가됐다. 즉 그만큼 떨어져야 한다는 것이다. 무엇보다 소득에 비해 부동산은 너무나 과대평가됐다. 서울 가구 소득 대비 주택 가격 비율PIR이 2021년 말 19배였는데, 2022년 1분기에는 조금 떨어진 18.4배였다. 평균 소득을 가진 사람이 서울의 평균적인 집을 사려면 18~19년간 월급을 한 푼도 쓰지 않고 저축해야 한다는 뜻이다. 과거 장기 평균은 10배였다. 앞으로 소득은 조금씩 오를 것이지만 그 간격을 좁히려면 집값이 많이 떨어질 수밖에 없다. 부동산 시장의 하락은 최소 3년, 4~5년까지도 갈 수 있다. 투자에 신중을 기할 수밖에 없는 이유이다.

미국 주식은 더 이상 매력적이지 않다

2022년 상반기에 국내 투자자들이 사들인 미국 주식 상위 10개 종목의 평균 수익률이 −51%였다. 큰 폭 하락에 따라 단기 반등은 있을 수 있다. 그러나 미국 주가는 아직도 고평가 영역에 있다. 최소한 10%, 많게는 20% 추가로 떨어질 수 있다.

지난 10년 동안 미국 주가는 오르기만 했다. 그러나 2000년 IT 거품이 꺼지면서 미국 주가는 10년 동안 제자리걸음을 했다. 실제로 2000년 1월에서 2009년 12월까지 미국의 대표적 주가지수 가운데 하나인 S&P 500의 월평균 수익률이 −0.1%였다. 시가총액이 GDP에서 차지하는 비중이나 가계 금융 자산 주식 비중 등을 고려하면 현재 미국 주가는 2000년보다 더 과대평가되어 있다.

아세안을 주목하라

나는 한국 수출을 보면서 세계 경제 흐름을 판단한다. 2000년에 미국이 한국 수출에서 차지하는 비중이 21.8%였으나 2021년에는 14.9%로 낮아졌다. 같은 기간 유로 지역 비중도 13.6%에서 9.9%로 떨어졌다. 그러나 중국이 한국 수출에서 차지하는 비중은 2000년 10.7%에서 2021년에는 25.3%로 2배 이상 증가했다. 아세안 비중도 11.7%에서 16.9%로 늘었다. 2022년 7월까지는 아세안 비중이 18.7%로 더 빠른 속도로 확대되고 있다.

이런 의미에서 나는 장기적으로 세계 성장(소비) 축이 미국 등 선진국에서 중국을 포함한 아시아로 이전될 것이며 지금은 그러한 과정 중이라 보고 있다. 따라서 국가별 주식 비중도 여기에 따라 조정해야 할 것이다. 특히 아시아 지역에서도 인구 구조가 젊은 인도, 베트남, 인도네시아 시장에 투자 비중을 늘릴 필요가 있다. 이들 나라의 기업보다는 우선은 주가지수를 기초로 한 ETF부터 투자하는 것이 바람직해 보인다.

위험한 미래의 생존 전략

① 본질 가치 중심으로 투자하라

모든 자산은 본질 가치에 수렴한다. 유동성 축소와 함께 이런 경향은 가속화된다. 코인 등 본질 가치가 없거나 불투명한 자산은 폭락하거나 시장에 퇴출되며 거품이 생긴 주식과 부동산 등의 투자 자산도 본질 가치 수준을 찾을 것이다. 반면 가치가 있는 투자 자산은 제 가격으로 회복될 것이다. 침체기에 이런 자산을 눈여겨보라.

② 주식은 장기적으로 오른다

주식은 상승과 하락, 급락과 급등을 반복하더라도 장기적으로는 오른다. 그러므로 주식 투자는 계속하는 것이 좋다. 시장 상황과 관계없이 배당 투자는 권할 만하다. 채권 투자도 괜찮다. 좋은 주식은 장기 보유하는 것이 좋은 전략이다. 주식 하락기에 우량 주식을 저렴하게 사들인다는 발상을 가져라.

③ 미국 주식을 냉정하게 평가하라

미국 주식이 고평가되어 있음에 주의하라. 10~20% 추가 하락의 위험이 있다.

④ 아세안을 투자 대안으로 고려하라

한국 수출에서 아세안 국가가 차지하는 비중이 증가하고 있다. 장기적으로 세계 경제 성장의 축이 미국에서 아시아로 이전될 가능성이 크다. 아시아 지역 중에서도 인구 구조가 젊은 인도, 베트남, 인도네시아 시장에 투자 비중을 늘리면 좋다. 개별 종목보다는 주가지수 ETF가 합리적이다.

2장

박정호

연세대학교 경제학과를 졸업하고 동 대학원에서 경제학을, KAIST 대학원에서 경영학, 홍익대 국제디자인대학원에서 산업디자인을 공부하고 현재 명지대 교수로 재직 중이다. KDI 전문연구원 출신으로 혁신클러스터학회 학회장, 한국 인적자원개발학회 부회장, 인공지능법학회 상임이사 등으로 활동하며 다양한 분야의 연구프로젝트에 참여하고 있다. MBC 라디오 〈이진우의 손에 잡히는 경제〉, KBS 라디오 〈최경영의 최강시사〉 등에 고정 패널로 출연 중이고, EBS 등 다양한 매체와 주요 공공기관, 기업에서 보통 사람들을 위한 교양 경제 강의를 한다. 저서로는 《박정호의 이기는 창업》, 《아주 경제적인 하루》, 《경제학자의 인문학 서재》, 《이코노믹 센스》, 《미래 시나리오 2022》(공저) 등이 있다.

국내 경제를 위협하는 스태그플레이션과 부채의 역습

물가 상승률의 전개 속도는 감내하기 힘든 수준까지 급등하고 대외적인 경제적 제약들로 인해 소비·투자·고용 환경이 급격히 냉각되기 시작했다. 이 과정에서 시중 유동 자금 역시 보수적이고 안정 지향적인 방식으로 급변했다. 이제 경제 상황은 코로나19 이후 또 한 번 새로운 국면으로 전환되고 있다.

more
dangerous
future

01
더 불확실한 미래와 함께
스태그플레이션이 온다

국제통화기금IMF은 정례적으로 발표하는 〈세계 경제 전망 보고서〉의 부제를 통해 향후 전개될 경제 흐름을 전망하여 표현하는 것으로 유명하다. 2022년 발간된 IMF 〈세계 경제 전망 보고서〉의 부제인 "Gloomy and More Uncertain(우울하고 더욱 불확실)" 역시 이런 관점에서 향후 경제 상황을 진단하는 방향성을 내포하고 있다.

IMF가 향후 국제 경제를 우울하게Gloomy 바라보는 이유는, 코로나19로 악화된 세계 경제가 러시아-우크라이나 전쟁으로 인해 한층 더 높은 인플레이션이 유발돼 더더욱 어려움이 예상되기 때문이다. 러시아가 전 세계에 제공하던 천연가스 공급이 중단되거나 러시아 또는 우크라이나산 곡물 수출이 원활하지 못할 불확실성Uncertain이 한층 높아지면서 경제활동을 크게 위축시킬 수 있다는 의견을 제시한 것이다.

이러한 IMF 〈세계 경제 전망 보고서〉의 우려는 급격한 물가 상승으로 인한 경기 위축에만 그치지 않는다. 높은 인플레이션에 대응하기 위해 세계 각국 중앙은행들이 전개할 고강도 긴축 기조가 시장에 또 다른 충격을 가져올 가능성마저 커지는 상황이기 때문이다. 2022년 들어 전 세계 경제 전문가의 최대 관심사가 '스태그플레이션Stagflation' 인 이유 역시 여기에 있다.

역대 3번의 스태그플레이션이 있었다

경제학자들에게 스태그플레이션은 가장 마주치기 껄끄러운 상황으로 꼽힌다. 높은 인플레이션을 막기 위해서는 고강도 금리 기조를 이어갈 수밖에 없고, 그렇게 되면 경기 침체를 감수해야 할지도 모른다. 경기 침체가 우려된다고 해서 높은 물가 인상 흐름을 지켜만 볼 수도 없는 상황이다. 다시 말해 스태그플레이션은 물가를 잡기 위해 경제 성장을 희생하거나 경기 침체를 막기 위해 고물가 기조를 선택해야 하는 상황인 것이다. 이전에 우리가 마주했던 스태그플레이션의 상황이 어떠한 방식으로 전개되었는지를 살펴보면 더욱 명확히 이해할 수 있다.

NBER 기준에 따르면, 전 세계적인 스태그플레이션은 지금까지 총 세 차례 발생했다. 이들 스태그플레이션은 석유 파동기에 모두 유발되었다. 1973년 말~1975년 초, 그리고 1980년에도 물가 상승률이 10% 이상 유발된 스태그플레이션이 발생한 바 있다. 1973년 제4차 중동 전쟁 당시 OPEC의 석유 감산 조치로 배럴당 2.9달러였던 원유 가격이 한 달 만에 12달러로 급등하는 석유 파동이 발생했다. 이러한 유가 급등에 농산물 흉작 등이 겹치면서 원자재 가격CRB Index이 47.6% 급등했다.

해당 기간 미국, 영국, 독일 등 주요 국가들의 경제 성장률은 마이너스를 기록하며 경기 침체 국면으로 전환되었다. 그리고 이들 주요 국가의 극심한 경기 침체는 여타 신흥국 또는 개도국들의 경제 상황 악화를 연쇄적으로 유발하는 요인으로 작용했다.

1970년대 중반에 나타난 스태그플레이션은 제1차 석유 파동뿐 아

제1차·2차 오일 쇼크 주요국 GDP 성장률 및 CPI 상승률

		1973	1974	1975	1979	1980	1981	1982
미국	GDP 성장률	5.8	-0.6	-0.2	3.1	-0.3	2.3	-2.1
	CPI 상승률	8.1	11.4	7.6	12.8	12.5	9.1	4.9
영국	GDP 성장률	7.2	-1.4	-0.6	2.5	-1.9	-1.3	1.8
	CPI 상승률	9.2	16.0	24.1	13.4	18.1	11.9	8.7
독일	GDP 성장률	4.5	0.5	-1.1	4.2	1.2	0.1	-0.9
	CPI 상승률	7.8	5.7	5.4	5.4	5.4	6.3	5.3
한국	GDP 성장률	14.9	9.5	7.8	8.7	-1.6	7.2	8.3
	CPI 상승률	3.3	25.4	25.0	18.8	29.5	20.3	6.5

주: 1) 음영은 성장률 마이너스, CPI 상승률 두 자리대인 경우
   2) 2022년은 블룸버그 컨센서스(Bloomberg Consensus)
자료: Bloomberg

미국 소비자물가 장기 추이

자료: http://www.economagic.com.

나라, 경제 성장을 위한 무리한 재정 정책에 따른 통화 공급 증가로 물가 상승 압력이 높아지면서 유발되었다. 엎친 데 덮친 격으로 세계적인 농산물 흉작까지 겹쳐 물가 상승의 압박 요인으로 작용했다.

제2차 석유 파동 시기인 1980년을 전후하여 발생한 스태그플레이션은 원유 가격 상승과 이로 인한 물가 및 임금 상승, 그리고 조세 부담 확대 등이 복합적으로 작용한 결과였다. 1979년 이란 혁명, 1980년 이란-이라크 전쟁 등에 따른 석유 수출 중단으로 유가가 배럴당 40달러까지 폭등하는 제2차 석유 파동이 발생하면서 유발되었다. 주요국 물가가 두 자리대로 치솟은 가운데, 고물가와 기대 인플레이션을 억제하기 위한 긴축적 통화 정책으로 제2차 세계대전 이후 경험해보지 못한 심각한 경기 침체가 발생하였다. 우리나라의 경우 제1차 석유 파동의 영향은 크지 않았으나, 제2차 석유 파동 시 역성장이 일어나고 소비자물가가 30%에 육박하게 치솟는 심각한 스태그플레이션을 경험했다.

당시 국제 유가(브렌트유 기준)는 스태그플레이션이 발생하기 전부터 급격히 상승하기 시작하여 스태그플레이션 발생 기간에도 계속해서 높은 수준을 유지하였다. 첫 번째 스태그플레이션 기간에는 국제 유가가 직전 월(1973년 10월)에 237% 급등하였으며, 두 번째 스태그플레이션 기간에는 직전 1년간(1979년 1월~1980년 1월) 74% 상승하였다. 앞서 전개된 두 번의 스태그플레이션 모두 유가는 점진적인 상승이 아니라 OPEC의 일방적 가격 인상 공시로 일거에 상승하였다.

이러한 유가 상승은 소비자물가 상승을 유발한다. 소비자물가는

국제 유가(브렌트)

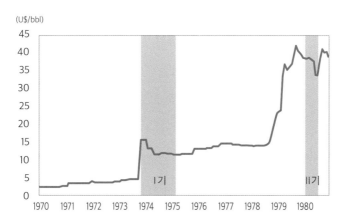

주: 음영은 스태그플레이션 시기
자료: Bloomberg

소비자물가 상승률

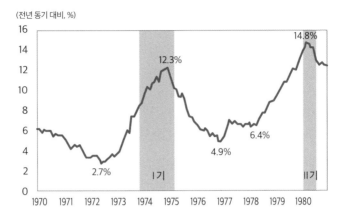

(전년 동기 대비, %)

주: 음영은 스태그플레이션 시기
자료: Bloomberg

대체로 스태그플레이션 발생 약 1년 전부터 오름세가 빨라지기 시작하였으며 스태그플레이션 기간 중 상승률이 최고치를 기록했다. 1972년 중 3% 내외였던 소비자물가 상승률은 1973년 11월 8.3%에 달하였으며 스태그플레이션 진입 후에도 1974년 12월 12.3%까지 급등했다. 1978년 상반기까지 5~6%대였던 소비자물가 상승률은 1980년 1월 13.9%를 기록한 이후 같은 해 3월에는 14.8%까지 확대된다. 국제 유가가 직전 1년간 70% 이상 급등하고 소비자물가 상승률이 5~8%p 내외 추가 상승하면서, 많은 경제 주체가 단기간에 급등한 물가 상승 기조 속에 대응력을 상실하였고, 결국 경기 침체로 이어졌다.

그때의 스태그플레이션과 무엇이 같고 무엇이 다른가

앞서 열거한 스태그플레이션이 유발되었던 당시의 상황과 최근 국제적으로 전개되고 있는 경제 환경 변화는 상당히 유사한 양상을 보인다. 가장 먼저 앞서 전개된 스태그플레이션 기간에 나타난 단기 급등한 유가 흐름은 이번에도 비슷한 양상을 보였다. 러시아-우크라이나 전쟁이 발발하기 전 76.08달러(2022년 1월 3일 기준) 수준이었던 국제 유가는 전쟁이 발발한 뒤 불과 두 달 만에 57% 상승하여 120달러를 돌파하였다.

물론 2022년 하반기 들어서면서 전개된 유가 흐름은 비교적 안정적으로 보였지만, 문제는 천연가스 가격이었다. 러시아-우크라이나 전

국제 유가 추이

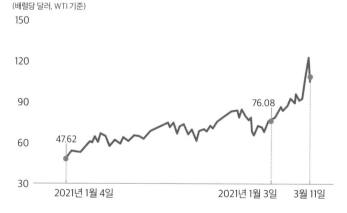

(배럴당 달러, WTI 기준)

자료: 한국석유공사

쟁이 시작된 이후인 3월 가격 대비 9월분 가격이 5배 이상 올랐다. 미국 뉴욕상업거래소NYMEX에서 거래되는 JKMJapan Korea Marker LNG 선물 가격은 2022년 9월 들어 1MMBTU(100만BTU)당 26.8달러를 기록했다. 2022년 3월 초 5.3달러 대비 이미 5배 이상 가파르게 치솟은 상태다.

오늘날 에너지 수급에 있어 천연가스는 유가 이상으로 중요도가 높은 자원이다. 2019년 기준으로 경제협력개발기구OECD 회원국들의 가스 발전이 역대 최고치를 기록하며 사상 처음 석탄 발전 비중을 앞지른 것으로 나타났다. 국제에너지기구IEA의 발표 자료에 따르면, 천연가스 발전량은 전체 발전량의 27.4%를 차지하며 처음으로 최대 발전 연료가 됐다. 반면 석탄 발전은 2008년에 비해 무려 26.2% 감소하며

OECD 회원국 발전량 비중

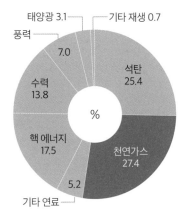

자료: 국제에너지기구(IEA), 2018년 기준

역대 최저치를 기록했다. 이러한 에너지 수급 체계의 변화 추세를 봤을 때, 2022년 들어 전개되고 있는 천연가스 가격 급등은 과거 스태그플레이션 기간의 유가 상승과 유사한 경제적 파장을 만들고 있다.

통화량 측면에서도 최근 전개된 흐름과 과거 스태그플레이션이 유발되었던 기간에 보였던 흐름이 상당히 유사하다. 첫 번째 스태그플레이션이 유발되기 이전인 1970~1973년 통화 증가율M2(전년 동기 대비)은 10%대에 이르렀다. 1976~1978년에도 통화 증가율이 11%대의 높은 수준을 보였다. 이는 스태그플레이션 발생 직전까지는 높은 경제 성장률과 통화 증가율(1차 석유 파동 시)이 동시에 나타나 수요측 인플레이션 압력이 누적되고 있었음을 시사한다.

단기간 급격한 유동성 공급은 이번 코로나19 사태에서도 같은 양상을 보였다. 우리나라를 비롯하여 미국, 유럽, 일본 등 선진국들이 경기 침체를 우려하여 통화량을 사상 유례없이 증가시켰고, 그 부작용으로 인플레이션이 시차를 두고 폭발하는 것이다.

우리나라의 경우 2020년 들어 M2 통화량이 3,093조 원으로 1년 전보다 10.1% 가까이 증가하였다. 이는 글로벌 금융위기 당시인 2009년 10월(10.5%) 이후 가장 높은 증가율이다. 2020년 현금과 수시 입출식 예금에 국한된 M1 통화 역시 1,077조 원으로 23.0% 증가했다. 이러한 증가 추세 역시 신용카드 사태가 터진 2002년 6월(26.4%) 이후 가장 높은 증가율에 해당한다. 이러한 통화량 증가 추세는 시중 통화량이 2020년 4월 3,000조 원을 넘어선 뒤 매달 사상 최

통화 증가율 및 정책 금리*

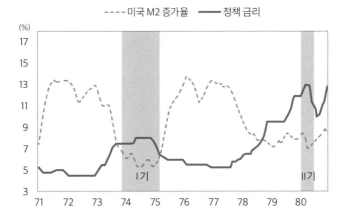

주: 1) • 재할인율
　　2) 음영은 스태그플레이션 시기
자료: Bloomberg

대치를 경신하게 만들었고, 결국 2022년 들어 역사상 시중 통화량이
가장 높은 수준인 3,600조 원을 넘어섰다.

　이상에서 열거한 대규모 유동 자금은 부동산, 주식 등 자산 시장으
로 큰 폭 유입되었다. 특히 크게 낮은 금리 수준이 지속됨에 따라 차입
을 적극적으로 활용했다. 2020년 이후 가계 대출 증가율이 확대되면
서 이와 동조성이 강한 주택 매매 및 전세 가격 상승률이 높은 오름세
를 기록하는가 하면, 가계 대출 증가가 주택 가격 상승을 유발하고 이
에 따른 전세 자금 대출 수요 확대 등이 다시 가계 대출 증가로 이어지
면서 가계 대출과 부동산 가격의 변동성이 동시에 확대되었다. 시중
유동 자금은 주식시장에서도 대규모 순매수를 지속했다. 신용 융자

등 레버리지 활용 역시 2020년 이후 빠르게 늘어나며 위험 추구 성향이 크게 확대된 모습이다.

이러한 부동산, 주식 등의 자산 가격 상승은 미래 경기 전망이 밝은 경우에는 별다른 문제를 야기하지 않을 수 있다. 하지만 경기가 급격히 냉각될 경우, 전혀 다른 양상을 보이게 된다. 특히 과도한 부채를 통한 자산 매입은 더더욱 그러하다.

02
전쟁 이후
모든 불안 요소가
현실화되다

이러한 경제적 상황들을 종합할 때, 코로나19 이후 전개된 일련의 경제적 흐름은 커다란 위험을 내재한 상황이었다. 이런 상황 속에서 러시아-우크라이나 전쟁으로 인해 잠재되었던 모든 불안 요소들이 현실화되기 시작했다. 러시아의 우크라이나 침공 이후 에너지와 식품 가격이 치솟고 주요국 중앙은행의 금리 인상도 본격화되면서 스태그플레이션 우려가 전 세계로 확산하였다. 인플레이션 우려로 국채 금리가 치솟고 경기 침체 공포로 주요국 증시가 약세장에 진입하는 등 주식·채권의 동반 약세가 심화하며 자산 시장에 충격을 주고 있다. 세계은행World Bank Group도 최근 발표한 경제 전망에서 성장률을 대폭 하향 조정하고 물가 상승률을 상향 조정하면서 스태그플레이션 가능성을 경고하는 상황이다.

물론 스태그플레이션은 학술적 연구를 통해 정립된 정의가 아니므로 스태그플레이션을 판별할 수 있는 경기 위축이나 물가 상승의 정도나 지속 기간에 대한 명확한 기준이 부재하다. 그렇지만 스태그플레이션의 발생 원인에 대해서는 대체로 크게 두 가지 요인에 의해 발생하는 것으로 설명된다. 첫 번째 요인은 유가 급등과 같이 부정적인 공급충격에 의해 주로 발생한다. 부정적인 공급 충격으로 총공급 곡선이 좌로 이동할 경우 생산 비용이 높아지고 총생산이 감소하여 물가 상승과 경제 둔화가 동시에 나타나는 스태그플레이션을 촉발할 수 있다.

또 다른 이유로는 산업 활동에 부정적인 정책이나 인구 구조 변화 등으로 생산성이 악화하는 가운데, 정부나 중앙은행이 부양 정책을 과도하게 집행하는 것이다. 이런 경우에도 인플레이션 악순환과 성장률 정체의 스태그플레이션이 나타날 수 있다.

물가 상승률의 전개 속도는 감내하기 힘든 수준까지 빨라지기 시작했으며, 대외적인 경제적 제약들로 인해 소비·투자·고용 환경이 급격히 냉각되었다. 이 과정에서 시중 유동 자금 역시 보수적이고 안정 지향적인 방식으로 급변했다. 이제 경제 상황은 코로나19 이후 또 한 번 새로운 국면으로 전환되고 있다.

중국 경제마저 침체되고 있다

여기에 중국발 경기 침체마저 불거지는 상황이다. 중국 경제는 코로나19 이전 20년 가까이 고성장과 저물가를 이어왔다. 이러한 중국 경제의 고도성장기를 흔히 '골디락스goldilocks'라 지칭한다. 골디락스는 높은 경제 성장률과 저물가를 동시에 실현하는 상황을 지칭하는 표현으로, 영국의 전래 동화《곰 세 마리The Three Bears》에 등장하는 소녀의 이름 'Goldilocks'에서 유래한 용어이다. 너무 뜨겁지도 차갑지도 않은 적당한 온도의 죽을 먹고 좋아하는 모습을 경제 상태에 비유한 것이다.

그러나 중국이 뒤늦게 코로나19 바이러스 확산 국면에 들어서면서 고강도 사회적 거리 두기를 시행하자 경기가 급격히 냉각하기 시작했다. 그뿐만 아니라 전 세계적인 원자재 가격 인상으로 인해 중국 내에서도 인플레이션 압력이 가중되고 있고 미국과 유럽 경제 침체를 우려하는 목소리가 높아지는 등 대외 하방 리스크가 심화되면서 중국 내 경기가 급격히 침체하기 시작했다.

지난 글로벌 금융위기의 경우에는 중국의 적극적인 소비와 투자 분위기 속에서 세계 경제가 빠르게 회복될 기회 요인을 찾을 수 있었다. 하지만 2022년 중국의 경제 상황과 미·중 간의 갈등 구조를 고려할 때, 중국이 과거와 같은 경제 활성화의 씨드가 되어줄 것을 기대하기는 무리가 있어 보인다. 향후 경제가 스태그플레이션 상황으로 진입할 가능성을 크게 보는 또 다른 이유가 여기에 있다.*

---

 * 최근《파이낸셜타임스》설문 조사 결과, 주요 경제학자의 70%가 2023년 미국 경제의 침체를 예측하였다.

03
대규모 유동성,
부채의 역습을 낳다

코로나19로 인해 실물 경제가 급격히 위축되는 것을 방지하기 위해 우리나라를 비롯한 여러 국가는 서로 경쟁이나 하듯 기준금리를 급격히 인하하기 시작했다. 그뿐만 아니라 실물 시장을 안정시키기 위해 다양한 방식으로 유동성을 공급하는 완화적 기조의 통화 정책과 재정 정책을 동시에 시행해왔다. 이 같은 노력으로 실물 부분은 코로나19 이후 빠르게 안정화되었고, 심지어 일부 국가에서는 부동산 시장과 금융 시장의 가격 인상 요인으로까지 작용하였다.

하지만 이러한 완화적 금융 환경은 민간 부채가 빠르게 늘어나도록 만드는 요인으로 작용하였다.

이미 국내 가계 부채는 만성적 구조적 문제

우리나라 가계 부채(가계 신용 통계 기준)는 글로벌 금융위기 이후 2010년 말 843.2조 원에서 2021년 3/4분기 말 1,844.9조 원으로 두 배 이상 확대되었다. 다음 왼쪽 그림과 같이 2020년 가계 소득이 2.3% 증가한 데 반해, 가계 부채는 이를 크게 상회하는 9.2% 늘어났다. 또한 다음 오른쪽 그림에서 보는 바와 같이 2020년 가계의 소득 대비 부채 비율 역시 200%를 상회하는 수준으로 급격히 증가하였다. 더욱 정확히 말해 코로나19로 인해 급격히 제공된 유동성이 우리나라의 가계 부채 문제를 심화시킨 것은 맞지만, 우리나라는 2005년 이후 부채 증가율이 소득 증가율을 지속적으로 웃돌아왔다. 이는 우리 사회의 가계 부채 문제가 만성적이면서 구조적인 문제라는 것을 방증

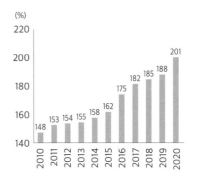

가계 부채 및 소득 증가율

가계 소득 대비 부채 비율

자료: 한국은행 ECOS

한다.

우리나라는 여타 주요국에 비해서도 부채 수준이 높고 증가 속도도 빠른 편이다. 2021년 3월 말 우리나라의 명목 GDP 대비 가계 부채 비율은 104.9%로 명목 GDP(2020년) 상위 30개 주요국 평균 (63.2%)을 크게 상회하고 있으며, 최근 10년간 우리나라의 가계 부채 비율 증가 폭(+31.7%p)도 주요국(+6.9%p)보다 크게 높은 것으로 나타났다.

가계 부채, 왜 문제인가?

그렇다면 이러한 가계 부채 문제는 우리 사회에 어떠한 문제점을 가져다줄까? 가장 큰 문제 중 하나로 소비 위축을 꼽을 수 있다. 경제 이론상으로 가계 부채는 가계의 유동성을 공급하여 소비를 확대시킨다. 그뿐만 아니라 충분한 소득이 없는 젊은 세대에게 차입을 통한 소비 기회를 제공하여 전체 소비의 평활화consumption smoothing를 제공하여 소비자의 효용을 증진한다. 경제 전체적으로도 소비 성향이 상대적으로 높은 경제 주체들에게 대출을 통한 자원 배분은 총소비를 확대시킨다. 이 때문에 가계 부채 증가는 단기적으로 소비를 늘리기도 한다.

하지만 중장기적으로는 오히려 소비를 위축시키는 것이 일반적이다. 과다 채무로 인한 원리금 상환 부담의 증가는 가계의 실질적인 처분 가능 소득을 감소시켜 소비를 위축시킬 수 있다. 원리금 상환 부담이 크게 증대되면서 가계의 소비 위축을 불러올 수 있다. 이러한 소비 감소는 기업의 투자 의욕마저 감소시키고 이는 다시 고용 악화 등으로 이어져 가계 소득을 더욱 감소시키는 악순환을 초래할 위험이 있다.

가계 부채가 자산 매입에 활용될 경우 담보 효과collateral effect, 차입을 통해 자산 가치를 확대시키는 레버리지 효과leverage effect 등을 통해 금융 시장과 실물 경제 사이클의 진폭을 확대해 금융 불안 또는 경기 침체를 촉발하는 잠재적 불안 요인이 된다. 가계 부채를 통해 확대된 레버리지가 부동산 시장에 유입된 경우에는 가계의 원리금 상환 부담이 장기간에 걸쳐 영향을 미치기 때문에 가계 소비 위축 역시 장기간에 걸쳐 이어질 수밖에 없다.

이러한 견해는 IMF도 지적한 바 있다. IMF는 소득 수준에 비해 가계 부채 규모가 클 경우 가계 부채와 맞물린 주택 가격 하락 등 충격이 발생할 수 있다고 지적한다. 그뿐만 아니라 민간 소비와 GDP가 더 큰 폭으로 위축되고 실업률도 상승하는 등 대내외 충격에 취약해질 위험이 크다고 지적한 바 있다.

특히 가계 부채 관련 선행 연구들을 보면, 선진국에 비해 신흥국은 소비 위축을 유발하는 정도가 더 큰 것으로 나타난다. 우리나라 역시 GDP 대비 민간 소비의 비중은 2002년 56.1%에서 2019년 48.6%로 오랜 기간 축소세가 진행되고 있다. 이러한 국내 소비 위축은 우리 경제의 장기 저성장 기조를 고착화하는 요인으로 작용하고 있으며, 우리 경제가 더더욱 수출 의존도가 높은 경제로 편향되게 만드는 요인이 되고 있다.

그리고 가계 부채 문제는 금융위기를 촉발하기도 한다. 1929년 미국 경제 대공황, 2008~2009년 글로벌 금융위기, 1980년대 후반 스칸디나비아 국가 및 1990년대 중반 콜롬비아의 가계 부채 위기 등 과거 가계 부채 관련 위기 사례를 살펴보면, 대체로 위기 직전에 가계 대출이 급증하다가 자산 가격 버블 붕괴, 급격한 신용 공급 위축 등 대내외 충격 발생으로 가계 대출 부실화가 빠르게 진행되면서 금융위기가 촉발되었다.

04
가계 부채 원인과
대응책

그렇다면 이처럼 가계 부채 문제가 심각해진 이유는 어디서 찾아야 할까? 가계 대출 수요를 늘어나게 하는 원인이 있을 수 있으며 가계 대출을 공급해주는 금융 회사가 공급을 늘리면서 가계 대출이 증가하는 원인이 되기도 한다. 먼저 가계 대출의 수요측 원인을 보면, 특히 외국의 경우 가장 중요한 원인은 주택을 구입하기 위한 대출이다. 이른바 모기지론이 늘어났기 때문에 가계 대출이 늘어난 경우다. 외국의 경우 전체 가계 대출 중 70% 이상이 주택 구입용 담보 대출이다. 따라서 주택 가격이 상승할 경우 가계 대출이 증가하게 되고 주택 가격이 하락할 경우 주택 구입 수요가 감소하면서 가계 대출은 감소세를 보이게 된다. 특히 부동산 가격이나 주택 가격이 상승할 경우 투기형 수요가 늘어나면서 가계 대출이 급격히 증가하는 경우가 많다.

금리 인하도 중요한 원인이다. 주택 가격은 금리와 밀접한 관계를 가지고 있기 때문에 금리가 하락해서 주택 가격이 상승할 경우 가계 대출이 늘어나는 경우가 많다. 금리가 하락할 경우 유동성이 늘어나면서 돈의 가치가 하락하게 되고 상대적으로 가치가 유지되는 실물, 즉 부동산의 수요가 늘어나 부동산 수요가 늘어나고 가계 대출이 증가하게 되는 것이다. 그리고 금리가 하락할 경우 각 대출에 대한 이자 부담이 감소하면서 가계 대출의 수요가 증가하게 된다. 특히 선진국의 경우 원리금을 장기에 걸쳐 상환하는 경우가 많아 금리 부담은 일시 상환의 경우보다 그 비중이 높다. 금리가 하락할 경우 주택 구입에 대한 수요가 늘어나게 되어 가계 부채가 증가하게 된다.

세금 제도 역시 가계 부채 증가와 연관이 있다. 주택 구입에 과도한 세금 혜택을 주는 경우 주택 수요를 늘어나게 하여 가계 부채가 늘어나기 때문이다. 전세나 월세 등 주택 임대보다 주택 구입에 더 많은 세금 혜택을 준다면 주택 구입 수요가 늘어나면서 가계 부채가 늘어나게 된다.

가계 부채가 늘어나는 또 다른 중요한 원인은 경기 침체로 인한 소득 감소이다. 생계를 위해 이른바 생계형 가계 대출이 늘어난 경우이다. 경기 침체로 일자리가 부족해 청년 실업이 증가한 경우 가계 대출은 늘어나게 된다. 자영업자의 경우도 경기 침체로 사업 자금이 부족한 경우 가계 대출을 늘리게 된다.

가계 부채가 늘어나는 공급측 요인을 보면, 금융 회사 간의 과잉 대출 혹은 카드 발급 경쟁이 있는 경우 가계 대출이 늘어나게 된다. 저금리 혹은 과잉 유동성이 존재하는 경우 그리고 국내 경기 침체로 경제 성장률이 낮아지면서 국내 투자 수익률이 하락한 경우 금융 회사 간의 대출 경쟁이 발생하면서 가계 대출이 늘어난다. 카드 회사 간의 외형 경쟁 역시 카드 발급을 늘리고 카드 사용을 늘려 가계 대출을 늘리는 원인이 된다. 이러한 금융 회사의 대출과 카드 발급 경쟁은 금융 회사와 신용카드 회사의 건전성을 악화시키기 때문에 금융 감독이 필요하나, 금융 감독이 완화되거나 부실할 경우 금융 회사 간의 과당 경쟁이 일어난다는 측면에서 보면 금융 감독의 부실도 가계 부채의 원인이라고 할 수 있다.

부채 줄일 수 있는 대응책 마련해야

이러한 가계 부채 증가의 부작용을 막기 위한 대응책은 크게 두 가지로 구분해 제시할 수 있다. 먼저 가계 부채 절대 금액이나 가계 부채 증가율을 줄이는 대책이다. 금리를 높이거나 주택 가격을 하락시키는 경우 수요가 감소하면서 가계 부채가 감소할 수 있다. 또한 미시적으로는 금융 감독을 통해 가계 대출의 만기 연장을 제한하거나 신규 대출의 경우 담보 가치 대비 대출 비중LTV을 줄이거나 혹은 소득 대비 대출 규모DTI의 비중을 줄여 대출을 제한하는 방법이 있다. 그러나 이러한 방법을 사용할 경우 대출을 상환하지 못해 대출이 부실화될 가능성이 크다. 또한 풍선 효과에 의해 가계 대출이 제도권 밖에서 증가하면서 그 질이 더욱 악화될 수 있다. 가계 대출을 줄일 수는 있으나 그 부작용이 우려되는 것이다.

가계 부채가 고소득·고신용 가구를 중심으로 확대될 경우, 이는 가계 부채의 질적 구조 개선으로 해석될 수 있으나 다른 한편으로는 계층 간 대출 접근성의 격차 확대 문제로 인식될 수 있다. 특히 자산 가격이 상승할 경우에는 계층 간의 대출 접근성 격차와 더불어 대출 용도의 차이가 곧 계층 간 자산 및 소득의 격차 확대로 이어질 수 있다. 이러한 계층 간 소득 및 자산 격차 확대는 인적 자본에 대한 효율적 투자를 저해하여 장기 성장 잠재력을 저하시키는 요인으로 작용할 수 있다는 점도 제기되고 있다. 금융 당국은 가계 대출 규모 축소로 인한 이득과 가계 부실로 인한 금융위기의 비용을 고려해서 가계 부채 감소 대책을 수립할 필요성이 있다.

이상에서 열거한 여러 가계 부채 문제 중 우리나라에서 가장 주목할 부분은 주택 가격 하락이다. 우리나라의 경우 대내외 충격 등으로 가계의 실질 소득이 크게 감소할 시 주택 등 실물 자산 매각을 통해 유동성 확보에 나서면서 주택 가격 조정으로 이어질 가능성이 크다. 우리나라 가계는 주택 등 실물 자산의 보유 비중이 높은 데다, 과도한 차입 등으로 고위험 가구의 비중 역시 늘어나는 상황이기 때문이다. 또한 주택 가격 조정 시 갭 투자자, 다주택자 등이 해당 주택들의 매각에 나선다면 주택 가격 조정 폭이 더욱 확대될 수 있다. 하지만 우리나라의 경우에는 가계 부채가 부동산 시장에 집중되고 부동산 가격이 빠르게 상승함에 따라 경제적 불평등이 더욱 심화된 측면이 있다. 그간 대출 규제가 지속적으로 강화되는 가운데, 금융 접근성이 상대적으로 양호한 고소득층 등이 레버리지를 적극 활용해 자산을 더욱 크게 늘려왔기 때문이다. 이러한 주택 가격 하락과 동반하여 해당 가계의 소득에도 부정적 영향이 더해지는 경우에는 차주의 신용 위험이 확대되고 금융 기관의 대출 태도도 강화되면서 고위험 가구 대출 및 신용 대출 등을 중심으로 대출 축소가 이어질 수 있다.

05
국내 경제에 더 치명적인
'기업 부채'

부채 문제는 비단 가계 차원의 문제만이 아니다. 기업들의 부채 문제도 그 심각성이 점차 고조되는 상황이다. 기업들의 부채 문제를 언급하는 데 자주 인용되는 개념이 '한계 기업'이다. 한계 기업이란 재무구조가 부실해 어려움을 겪는 기업으로 영업 활동을 통해 벌어들인 이익으로 이자도 감당하지 못하는 기업을 말한다. 더 정확히 표현하자면, 3년 연속 이자 보상 비율이 1 미만인 기업을 말한다. 이자 보상 배율이 1 미만이라는 것은 한 해 동안 벌어들인 돈(영업이익)으로 이자조차 갚지 못한다는 의미이며 보통 이자 보상 배율이 1.5 이상이면 빚을 갚을 능력이 충분한 상태, 1 미만이면 잠재적인 부실 기업을 의미한다.

코로나19가 확산되기 이전인 2013~2019년 외감법 대상인 비금융 기업을 분석한 결과, 2015년 이후 감소하던 한계 기업의 수는 2017년부터 증가하여 2018년과 2019년 급증한 것으로 나타났다. 국내 한계 기업의 추세는 2009년 2,819개(12.4%)에서 2014년 3,471개(14.4%)로 증가하였고, 2018년부터 비중이 30%를 넘어 2019년 6,817개로 32.8%를 차지하였다. 이들 한계 기업 중 일시적인 재무 위험을 겪는 기업이 아닌 만성적 한계 기업의 비중은 이미 2014년에 73.8%로 상당 부분을 차지하는 상황이다.

특히 제조업과 중소기업을 중심으로 한계 기업의 수가 증가하였다. 물론 OECD 주요 국가 상장 기업을 대상으로 한 비교 결과, 우리나라의 한계 기업의 비중은 아직은 작은 것이 사실이다. 하지만 증가 폭은 일본에 이어 2위에 해당하는 높은 비율을 보인다.

기존 한계 기업뿐 아니라 경제 근간 산업까지 흔들린다

현재 우리나라의 한계 기업 문제 역시 광범위하게 확산되는 분위기다. 과거에는 한계 기업이라고 하면 재무구조가 취약한 중소기업들을 주로 지칭하였다. 하지만 최근 들어서는 대기업 중에서 한계 기업에 해당하는 비중이 지속적으로 커지고 있다. 그뿐만 아니라 우리 경제의 근간을 지탱해 왔던 조선, 철강, 건설, 운수 등의 업종에서 한계 기업 비중이 크게 증가하는 추세이다. 국내 경기 부진이 지속되고 기업 경영 실적이 개선되지 못하고 있는 최근 상황을 감안할 때 만성적 한계 기업의 증가세는 당분간 계속될 것으로 예상된다.

이 같은 한계 기업들의 비중이 확대될 경우 우리 경제의 건전한 성장을 저해하는 요소로 작동한다. 먼저 한계 기업은 자체 투자 여력이 없다. 그런데도 국가의 재정 지원 등을 통해 해당 업종에서 지속적으로 활동할 경우, 여타 정상 기업들의 시장 점유율 확대를 저해하고 이윤율을 떨어뜨린다. 정상 기업의 고용 증가율 및 투자율 또한 하락시키는 요인으로 평가된다. 그리고 해당 분야에 신규 진입을 적극 희망하는 스타트업과 기존 기업들의 혁신적인 노력을 저해한다. 결과적으로 해당 업종 전체의 투자 활동을 제약하는 요인으로 작용한다.

한국개발연구원KDI 연구에 따르면, 한 산업의 한계 기업 자산 비중이 10.0%p 높아지면 해당 산업에 속한 정상 기업의 고용 증가율 및 투자율은 각각 0.53%p와 0.18%p가량 하락하는 것으로 확인되었다. 이에 반해 한계 기업 자산 비중을 10.0%p 하락시키면 정상 기업이 고용을 11만 명 내외 증가시키는 것으로 확인되었다.[1] 실제 일본의 경우 1990년대 부실 기업을 지원하는 과정에서 해당 산업의 생산성 저하, 구조조정 지연으로 인한 사회적 비용이 금융 지원으로 인한 직접 비용을 초월한 바 있다.[2]

한계 기업 문제는 금융 시스템에도 악영향을 미친다. 코로나19와 같은 대외적인 충격이 발생할 경우 한계 기업에 대한 대출이 부실화되고 금융 기관의 자산 건전성이 악화되면서 금융 시스템 불안을 초래할 가능성이 크다.

가계·기업 부채 문제 해결하지 않고서는 성장할 수 없다

이상에서 열거한 바처럼 한계 기업이 누증됨에 따라 유발될 수 있는 다양한 사회적 비용이 증가하면서 우리나라 역시 한계 기업의 구조조정 문제가 사회적 관심사로 크게 대두될 수 있으며, 이 과정에서 구조조정의 방향과 속도에 대한 논의가 향후 본격화될 것으로 보인다. 그리고 이 과정에서 핵심적인 고려 사항은 결국 장기적 관점에서의 회생 가능성viability일 것이다. 만약 한계 기업이 단기간에 회생하여 양호한 경영 실적을 지속할 수 있다면 기업 지원을 통해 회생을 촉진하는 것이 장기적 자원 배분 측면에서 효율적일 수 있지만, 반대로 회생률이 매우 낮다면 조기 구조조정이 합리적이기 때문이다.

이러한 한계 기업의 회생률과 관련해서 한국은행의 연구 결과를 보면 2003~2009년에 신규로 한계 상태에 진입한 기업의 상태 변화를 진입 시점 후 10년간 추적한 결과, 과반수의 한계 기업이 정상화되지만, 그중 과반수는 다시 재무 취약 상태, 휴·폐업 등으로 재전환된 것으로 나타났다. 매년 상당수 한계·재무 취약 기업이 정상 상태로 전환하지만, 동시에 정상 전환한 기업의 상당수가 지속적 재무 취약 상태로 재전환하였다. 이는 기존 연구와 같이 일시적 성격의 정상화를 회생으로 간주할 경우 한계 기업의 회생을 과대평가할 수 있음을 시사한다.

하지만 이 과정에서 얼마나 장기적으로 볼 것인지 정해야 한다. 만약 5년, 6년, 7년, 8년, 9년 및 10년 중 하나만을 평가 대상 기간으로 선택한다면 무엇을 선택하더라도 자의성에 대한 비판이 있을 수 있다. 또한 코로나19로 인해 신규로 한계 상태 또는 재무 취약 상태로 전환된 기업 중 상당수는 생산성과 경영 능력 등의 기업 특성에 있어 과거 한계 기업과는 다를 수 있으며, 따라서 상이한 회생 패턴을 보일 가능성이 있다. 이러한 요소를 고려할 때, 한계 기업의 구조조정 문제 역시 가계 부채 문제와 마찬가지로 상당 기간 우리 경제에 내제화된 상황에서 지속될 것으로 보인다.

우리나라의 가계 부채와 기업 부채 문제는 코로나19 이후 우리 경제가 가장 시급하게 고민해야 할 문제로 대두될 것으로 보인다. 최근 실물 거시 경제 둔화가 장기화됨에 따라 가계 부채 누적에 대한 우려의 목소리가 커지고 있다. 특히 부실 기업을 대상으로 한 구조조정을 시도할 경우, 그 과정에서 부실 기업의 과대 낙인과 불필요한 고용 축소의 부작용이 유발될 수 있다. 그렇게 되면 또 다른 형태로 경기 침체가 유발될 수 있는 상황이다.

또한 기업 부실로 인해 채권 금융 기관 또는 공적 금융의 비용이 투입되면, 국가 재정이 투여되는 등 경제 전반의 사회적 비용이 유발되기 때문에 코로나19 이후 불거지고 있는 국가 부채 문제마저 다시금 부각될 수 있는 상황이다.

향후 우리 경제가 경제 전반의 부채 문제를 어떻게 처리해야 할지 관심을 두어야 할 이유가 여기에 있다.

3장

김현석

《한국경제》의 미국 뉴욕 특파원으로 근무하고 있다. 2017년 7월부터 2020년 7월까지 첫 번째 임기를 보냈으며, 2021년 8월부터 다시 뉴욕에서 일하고 있다. 《국민일보》 기자, 서울교통방송(TBS) 프로듀서 등으로 일했으며 2000년부터 《한국경제》에서 일해왔다. 금융 업계, 전자 업계, 증권 업계, 유통 업계, 통상 분야, 세무 분야 등을 다뤄왔고, 한국기자협회 '이달의 기자상(2016년)' 등을 받았다. 기명 기사인 〈김현석의 월스트리트나우〉를 2017년부터 게재하고 있다. 2020년부터는 유튜브 채널 〈한경글로벌마켓〉에서 동명의 유튜브 라이브를 매일 아침 진행하고 있다. '미국 주식 지킴이'라고 불린다. 서강대학교에서 학사(정치외교학), 석사(국제관계)를 받았다. 긍정의 힘을 믿는다.

푸틴과 에너지 게임, 그리고 민주주의 위기

전쟁이 교착 상태에 빠지고 국제 유가와 농산물 가격이 어느 정도 안정을 되찾자 우크라이나 전황에 대한 전 세계 언론의 보도는 대폭 줄어들었다. 하지만 분명한 사실은 전쟁은 아직 끝나지 않았다는 것이다.

more
dangerous
future

01
계속되는 러시아의
우크라이나 침공

세계에서 가장 위험한 지도자 중 한 명을 뽑는다면 러시아의 블라디미르 푸틴 대통령이 꼭 포함될 것이다. 구소련 시절 16년 동안 세계적 정보기관 KGB(국가보안위원회)에서 근무했던 그는 정보를 캐내기 위해 첩보 조직을 운영하고 요인 암살까지 지시했던 사람이다. 음모를 즐기고, 목적을 위해서라면 무슨 일이든 하는 것으로 알려져 있다. KGB 훈련생이었던 시절 성격 조사에서 "위험에 대한 인지도가 낮다"라는 평가를 받기도 했다고 한다. 무모한 위험도 감수하는 경향이 있음을 뜻한다.[1]

이런 푸틴은 측근들에게도 속마음을 거의 얘기하지 않는다. 전자 장비의 사용을 피하고, 메모를 받아 적는 사람도 물리친다. 그래서 예측도 어렵다.[2] 냉정하면서 한편으로는 무모하기도 한 푸틴의 사고방식과 행동은 여러 행적에서 나타난다. 지난 2020년 최대 정적으로 떠오르던 알렉세이 나발니가 '노비촉'이란 독극물에 중독되어 18일간 혼수상태에 빠졌던 게 대표적이다. 푸틴과 맞섰던 우크라이나의 빅토르 유셴코 전 대통령도 2004년 9월 대선 운동 도중에 맹독성 물질 '다이옥신'이 들어간 음식을 섭취해 생명의 위기를 겪었는데, 유셴코는 이를 푸틴이 벌인 일이라고 주장하고 있다.

지난 2016년에는 미국 대통령 선거에 개입해 도널드 트럼프 전 대통령의 당선을 지원한 것으로 알려졌다. 그는 2018년 7월 모스크바에서 트럼프 대통령과 회담을 가진 뒤 기자 회견에서 "나는 트럼프가 대통령이 되기를 바랐다"라고 공식적으로 밝히기도 했다.[3] 자국이든 타국이든 상관없이 목적 달성을 위해 수단과 방법을 가리지 않는 것이다.

사실 푸틴이 보리스 옐친 전 대통령 비서실장과 KGB의 후신인 연방보안국FSB 국장, 총리를 거쳐 2000년 러시아의 대통령이 되기까지도 수많은 정치 공작과 음모가 있었다. 무명이던 그는 총리 시절인 1999년 모스크바 등에서 일어난 연쇄 폭탄 테러의 배후로 체첸 테러리스트를 지목하고 제2차 체첸 전쟁을 시작했다. 이 전쟁에서 승전한 푸틴은 큰 대중적 인기를 얻었고 몇 달 만에 대통령에 당선됐다. 하지만 체첸 반군이 폭탄 테러를 했다는 증거는 없다. FSB가 테러에 개입됐다는 의혹을 조사하던 러시아 의회(두마) 인사들은 줄줄이 암살당했다.[4]

푸틴은 이후에도 2008년 그루지야(조지아) 침공, 2014년 우크라이나 크림반도 침공 등 전쟁을 통해 국내 지지를 확고히 했다. 그래서 지난 20여 년간의 푸틴의 러시아 통치는 정적에 대한 투옥과 암살, 독립 언론에 대한 위협과 억압, 만연된 인권 침해, 자유롭고 공정한 선거의 부재, 고질적 부정부패 등으로 특징지어진다.

이런 푸틴 대통령이 이끄는 러시아는 2022년 2월 24일 우크라이나를 전격적으로 침공했다. 침공 전 러시아는 10만 명의 군대를 우크라이나 국경 인근에 배치하면서도 '훈련용'이라고 발뺌했다. 러시아 국방부는 한때 일부 군의 철수를 발표하기도 했다. 그리고 결국 우크라이나가 먼저 도발했다는 '가짜 깃발 작전false flag operation'을 앞세워 전쟁을 시작했다. 이것은 상대방이 먼저 공격한 것처럼 조작해 공격의 빌미를 만드는 기만적 수법을 말한다.

그렇게 시작된 전쟁은 장기화하고 있다. 전쟁 초기 우크라이나 수도 키이우 인근까지 깊숙이 진격했던 러시아군은 우크라이나의 반격이 이어지자 후퇴해 동부 돈바스와 크림반도를 중심으로 공격을 계속하고 있다. 서방의 군수 지원 속에 우크라이나도 물러서지 않고 있다. 미국이 제공한 고속 기동 포병 로켓 시스템HIMARS(하이마스)을 비롯한 장거리 무기 체계를 가동하며 러시아군의 후방을 타격하고 있다. 그렇다고 해서 우크라이나가 동부 지역을 수복할 만한 전투력을 갖고 있진 못하다. 러시아도 앞선 포병 전력 등을 이용해 돈바스가 포함된 루한스크주 전체를 점령했지만 이후 별다른 전과를 올리지 못한 채 루한스크주 등에서 영토 완전 편입을 위한 주민 투표를 서두르고 있다. 전쟁이 교착 상태에 빠지면서 세계의 관심은 식어가고 있다. 급등했던 유가 등 에너지와 밀 등 농산물 가격도 어느새 안정세로 돌아섰다.

필사적인 러시아 경제 제재

서방은 러시아가 침공을 감행한 직후 러시아 주요 은행을 국제은행간통신협회SWIFT(스위프트) 결제 망에서 배제하는 등 강력한 제재 조치를 가했다. 애플, 맥도날드, 아디다스, BP 등 서방 기업들도 줄줄이 러시아 시장에서 철수했다. 유럽연합EU은 러시아산 원유 수입을 2023년 2월까지 100% 줄이기로 했다. 서방의 대응을 한마디로 말하면 러시아를 세계 경제에서 빼버리겠다는 것이다. 경제 규모 11위 수준의 국가를 이렇게 짧은 기간에 글로벌 경제에서 분리하려 한 적은 없었다. 특히 러시아는 세계 원유의 10%, 천연가스의 17%를 생산하는 나라다. 팔라듐은 45%, 플래티넘은 15%에 달한다. 농산물 시장에서의 비중도 밀 20%, 보리 10% 등으로 절대적이다.

이런 자원 부국을 글로벌 공급망에서 제외한다면 에너지, 농산물 등 많은 원자재에서 수급 불균형이 발생할 수밖에 없다. 골드만삭스는 2022년 3월 연구 보고서에서 러시아산 원유의 수출이 하루 200만 배럴이 감소할 경우 브렌트유의 가격이 배럴당 145달러, 400만 배럴이 줄어들면 175달러까지 오를 것으로 전망했다.[5] 러시아의 알렉산드

러시아는 자원 부국

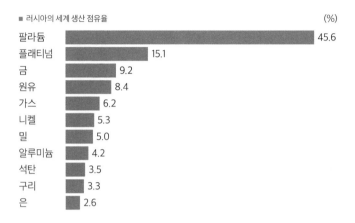

■ 러시아의 세계 생산 점유율 (%)

팔라듐	45.6
플래티넘	15.1
금	9.2
원유	8.4
가스	6.2
니켈	5.3
밀	5.0
알루미늄	4.2
석탄	3.5
구리	3.3
은	2.6

자료: JPMogran, Bloomberg

르 노박 에너지 담당 부총리는 "서방 국가들이 러시아산 원유를 제재한다면 유가가 배럴당 300달러까지 오를 것"이라고 위협하기도 했다.

실제 전쟁이 터진 뒤 유가가 상승세를 보였고 2022년 6월 브렌트유는 배럴당 130달러 선까지 치솟았다. 하지만 브렌트유 가격은 2022년 8월 초 다시 배럴당 90달러 선 안팎으로 하락했다. 또 밀, 옥수수 등 농산물 가격도 전쟁 이전 수준으로 떨어졌다. 이는 세계 경제에 잠시 안도감을 줬다. 미국의 2022년 7월 소비자물가 상승률은 전달 40년 내 최고 기록인 9.1%에서 8.5%로 떨어졌다. 뉴욕 증시 등 세계 각국 증시도 큰 폭으로 반등하기도 했다. 에너지 가격 안정은 중국, 유럽, 미국 등 글로벌 경기 둔화로 소비가 예상보다 감소한 게 가장 큰 원인이다. 하지만 러시아의 원유 공급이 예상 이상으로 지속되고 있는

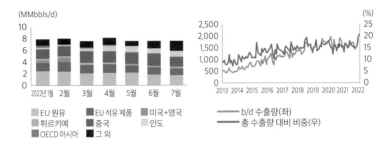

러시아의 석유 수출

(MMbbls/d)

2022년 1월 2월 3월 4월 5월 6월 7월

■ EU 원유　　■ EU 석유 제품　■ 미국+영국
■ 튀르키예　　■ 중국　　　　■ 인도
■ OECD 아시아　■ 그 외

러시아 대중국 수출량

2013 2014 2015 2016 2017 2018 2019 2020 2021 2022

━ b/d 수출량(좌)
━ 총 수출량 대비 비중(우)

자료: IEA, NBS, ING Research

것도 원인 중 하나다.

　국제에너지기구IEA에 따르면 2022년 7월 러시아의 원유 수출량
은 하루 740만 배럴로 2021년 하루 평균 750만 배럴보다 소폭 감소
했을 뿐이다. 유럽으로의 공급은 대폭 줄었지만, 중국과 인도가 그만
큼 러시아 원유를 사들이고 있어서다. 제재를 받는 러시아의 유가는
국제 시세보다 약 30% 낮게 팔리고 있다. 중국은 2022년 5월 하루
199만 배럴의 러시아산 원유를 수입해 사상 최고 기록을 세웠다. 6월
엔 러시아가 사우디아라비아를 제치고 중국에 대한 최대 원유 공급국
으로 등극했다. 유가 급등을 방지하기 위해 서방이 중국, 인도 등의 러
시아 원유 수입을 적극적으로 막고 있지 않은 점도 러시아 수출이 지
속하는 이유이다.

　전쟁이 교착 상태에 빠지고 국제 유가와 농산물 가격이 어느 정도
안정을 되찾자 우크라이나 전황에 대한 전 세계 언론의 보도는 대폭

줄어들었다. 하지만 분명한 사실은 전쟁이 아직 끝나지 않았다는 것이다. 푸틴이 이대로 물러서리라 보는 건 오산이다. 볼로디미르 젤렌스키 우크라이나 대통령은 전쟁 발발 6개월 기념일을 앞둔 2022년 8월 22일, 러시아의 군사 공격이 확대될 수 있다고 경고했다. 젤렌스키 대통령은 러시아가 "뭔가 특별히 나쁜 것"을 시도할 수 있다고 우려하며 경계를 촉구했다. 러시아도 전쟁을 끝낼 의도가 없음을 드러내고 있다. 겐나디 가틸로프 유엔 주재 러시아 대사는 2022년 8월 AFP 인터뷰에서 "(양국의) 외교적 접촉 가능성은 없다"라며 "갈등이 장기화될수록 외교적 해결을 기대하기는 더 어려워질 것"이라고 말했다. 그는 "(우크라이나에 대한) 서방의 지속적 군사 지원으로 인해 평화 회담이 열리지 못하고 있다"라며 "분쟁이 얼마나 오래 지속될지 예측할 수 없다"라고 주장했다.

02
겨울을 기다리는 푸틴

전쟁이 소강상태에 놓인 것은 푸틴 대통령의 전략 전술의 일환이라는 분석이 나온다. 시간을 끌면서 겨울을 기다리고 있다는 것이다. 에너지 성수기인 겨울이 오면 러시아의 에너지 공급을 무기로 서방을 압박하고 우크라이나 지원 의지를 약화시키려 하고 있다는 얘기다. 국제에너지기구IEA는 "천연가스 흐름을 억제하려는 러시아의 움직임은 유럽연합EU에 대한 적색경보"라며 공식 경고했다.[6]

천연가스로 유럽을 옥죄는 러시아

러시아가 가장 먼저 무기로 활용하고 있는 건 천연가스다. 2005년 베를린-모스크바 공동 선언으로 독일과 러시아 양국을 잇는 해저 파

러시아의 주요 가스 파이프라인

자료: Global Fossil Infrastructure Tracker, Global Energy Monitor, Amerope, ICIS

이프라인인 노르드스트림-1 건설이 시작된 뒤 유럽과 러시아는 떼려야 뗄 수 없는 관계가 됐다. 러시아는 그동안 노르드스트림-1(러시아-독일), 야말-유럽(러시아-폴란드-독일), 브라더후드/소유즈(러시아-우크라이나) 등의 파이프라인을 통해 유럽이 쓰는 천연가스의 40% 이상을 공급해왔다. 하지만 러시아는 전쟁이 터진 뒤 서방의 제재를 이유로 야말-유럽 라인을 잠갔고, 우크라이나를 경유하는 파이프라인의 공급량도 대폭 축소했다.

그리고 2022년 7월 정기 보수를 이유로 노르드스트림-1을 통한 공급을 열흘간 끊었다가 재개했지만, 이후 공급량을 평상시의 40%에서 20%로 추가로 낮췄다. 독일 정부는 노르드스트림 파이프라인은

러시아의 유럽에 대한 천연가스 공급량 추이

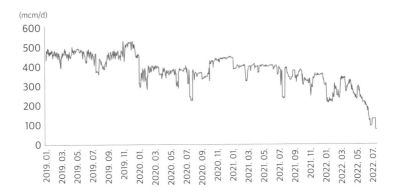

자료: IEA

최소한 하나의 예비 터빈을 항상 쓸 수 있는 정교한 비상 시스템을 갖추고 있다고 밝히고 있다. 수시로 정비 보수를 위해 멈추거나 공급량을 줄일 이유가 없다는 뜻이다. 로베르트 하벡 독일 경제 장관은 "유지 보수가 공급 축소의 원인이라는 평계는 농담"이라고 말했다. 유럽의 에너지 리서치 회사 ICIS에 따르면 2022년 7월 기준 유럽의 러시아 가스 수입량은 1년 전보다 거의 70% 줄었다.[7] EU 집행위원장인 우르줄라 폰데어라이엔은 "러시아가 가스를 무기로 사용해 우리를 협박하고 있다"라고 말했다.

유럽은 공포에 휩싸여 있다. 2022년 겨울 추위가 닥치면 강제적인 가스 배급제가 필연적이라는 관측이다. 쓸 수 있는 천연가스가 모자라 병원 등 가스 공급이 필수적인 곳부터 순차적으로 배급하는 제도가 시행될 형편이다. 독일 정부는 이미 비상 가스 배급 계획의 2단계

**겨울을 대비하는 독일인들의 모습을
삽화 표지로 내세운 주간지 〈슈피겔〉**

자료: 〈슈피겔(Der Spiegel)〉

(3단계 중 2단계)를 시작했다. 러시아 가스에 대한 의존도가 전체 가스 소비량의 55% 달하는 최대 수입국이었던 탓이다. 도이치뱅크는 독일 가계가 겨울 난방용으로 나무 땔감을 쓰는 것을 가정해 향후 경제 전망을 제시하기도 했다. 그리고 실제 많은 독일인들이 겨울을 대비해 장작 난로를 사고 있다.

이 때문에 유럽 각국은 노르웨이, 알제리, 미국, 카타르 등과 가스 공급 계약을 맺거나 추진 중이고 액화 천연가스LNG 수입을 위한 터미널 건설 등을 서두르고 있다. 독일은 석탄 화력발전소까지 짓고 있다. 2022년 말 폐쇄 예정이던 원자력발전소 3기를 계속 가동하는 방안도 추진되고 있다. 그러나 이들 신규 프로젝트 대부분은 2022년 겨울뿐 아니라 2023년 겨울까지도 공급을 시작하기 어렵다. 유럽은 적어도 앞으로 추운 겨울을 두 번은 넘겨야 한다. 유럽은 또한 석탄 공급의 40%를 러시아에 의존하고 있으며, 천연 및 농축 우라늄의 40%를 러시아에서 들여오고 있다.

EU 집행위원회에 따르면 러시아 천연가스 공급분의 약 60%는 1년 안에 다른 에너지원으로 대체될 수 있다. 유럽의 연간 가스 사용

유럽의 가스 비축량

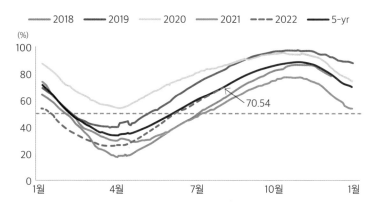

자료: Gas Infrastructure Europe

량 중 40~45%, 그중 약 60%를 대체할 수 있다는 건 전체 가스 수요의 15%는 충족되지 않는다는 것을 뜻한다. 그래서 EU는 천연가스 소비량을 2023년 4월까지 15% 줄이기로 합의했다.[8] 폰데어라이엔 EU 집행위원장이 러시아의 전면적인 가스 공급 차단의 가능성을 경고하면서 회원국에 지난 5년간 평균 사용량에서 15%까지 줄이도록 촉구한 것이다. 하지만 감축 의무화 시기와 대상국에 상당한 예외를 둬야 했다. 스페인, 포르투갈, 그리스 등이 자국민에게 부당한 희생을 강요할 수 없다고 반발한 데 따른 것이다. 스페인의 경우 러시아산 가스를 쓰지 않는다.

유럽은 당장 다가오는 겨울을 버텨내기 위해 가스 비축량을 늘리는 데 집중하고 있다. EU 집행위원회는 각국에 2022년 11월 1일까지 비축량 80%까지 확보하라고 요청했다.[9] 각국의 필사적인 노력과 가스 가격 앙등에 따른 소비 감소로 2022년 9월 17일 현재 비축량은 85.6%까지 높아졌다. IEA 추정에 따르면 10월 1일 난방 시즌이 시작될 때 러시아가 가스 공급을 중단할 경우 EU는 그때까지 가스 비축량을 90% 이상 채워야 안전하다. 그렇다고 해도 겨울 막바지에는 어려움을 겪을 수 있다.[10]

남은 것은 날씨에 달렸다. 만약 2022년 겨울 기온이 예년보다 더 떨어진다면 가스 저장고는 예상보다 빨리 바닥날 수 있다. BCA리서치의 로버트 라이언 원자재·에너지 수석 분석가는 기자와 만나 "겨울 난방철 초기 가스 재고에는 문제가 없을 것이라고 생각한다"라면서도 "시장이 지켜보는 것은 이번 겨울이 얼마나 추워질지 여부"라고 밝혔다. 그는 "이번 겨울 라니냐가 발생할 확률이 60%에 달하는데, 만약 3년 전 라니냐로 인해 겪었던 더 추운 겨울을 겪게 된다면, 유럽의 천연가스 수요는 훨씬 더 커질 것"이라고 설명했다. 라니냐는 태평양의 해수면 온도 변화에 따른 대기의 변화로 통상 더 추운 북반구 겨울과 관련이 있다. 크리스탈리나 게오르기에바 IMF 총재도 "자연이 도와주지 않는다면, 겨울에 혹한이 찾아와 사회적 동요로 이어질 수 있다"고 경고했다.

이 때문에 유럽 각국은 강력한 에너지 절감 방안을 마련하고 있다. 스위스 정부는 올겨울 실내 난방 온도를 19도 이상으로 높이면 최대 3,000스위스프랑(약 440만 원)이나 최대 3년의 징역형에 처하는 법까지 추진하고 있다.

러시아는 이런 유럽의 가스 비축 노력을 의도적으로 방해하고 있다. 러시아의 국영 에너지 회사 가스프롬이 2022년 7월 노르드스트림-1을 통한 공급량을 기존 40%에서 20%로 줄인 게 대표적이다. 도이치뱅크는 40%가 공급되면 약간의 배급이 필요하더라도 독일이 겨울을 보낼 수 있다고 본다. 하지만 20%라면 상당한 수준의 배급이 필요할 것이라고 분석했다.[11]

가스관을 잠갔다 열었다가 하던 러시아는 2022년 9월 초 노르드스트림-1을 통한 가스관 공급을 완전히 중단했다. 당초 사흘간 보수한다고 밝혔으나, 공급 재개를 하루 앞두고 돌연 기름 누출이 발견됐다며 무기한 공급을 끊은 것이다. 드미트리 페스코프 크렘린궁 대변인은 "독일과 영국 등 서방이 대러 제재를 해제할 때까지 노르드스트림-1을 폐쇄할 것"이라며 노골적으로 발톱을 드러냈다.

러시아가 공급을 일부 재개할 가능성이 남아 있긴 하다. 푸틴 대통령은 유럽이 더 많은 천연가스를 원한다면 "연간 550억m³의 천연가스를 공급할 수 있는 노르드스트림-2에 대한 제재를 풀고, 가동 버튼만 누르면 모든 게 진행될 것"이라고 말했다. 노르드스트림-2는 노르드스트림-1 옆에 새로 건설한 가스관이다. 5년간 110억 달러(약 13조 원)를 들여 지난해 완공했지만, 러시아의 우크라이나 침공 가능성이 불거지자 독일이 사업 승인을 내주지 않았다. 이런 노르드스트림-2를 연다는 건 '러시아 에너지에 대한 영구 종속'을 뜻한다. 유럽이 절대 받아들일 수 없는 조건이다.

러시아는 이처럼 가스 공급을 전략적으로 활용하고 있다. 파이프라인을 잠갔다 열었다가 한 것도 마찬가지다. 약간의 가스 흐름을 유지함으로써 유럽인들에게 가스 공급이 이어질 수 있을지도 모른다는 희망을 갖게 하면서 지속해서 높은 가격을 유발해 큰 이익을 거뒀다. 벨기에 브뤼셀에 있는 싱크 탱크인 브뤼겔Bruegel은 "제한적 공급으로 인해 러시아는 높은 가격으로 많은 돈을 벌고 EU의 가스 공급에 대한 통제력을 유지해온 반면, 유럽은 여전히 매우 불안정한 가스 시장으로 인해 어려움을 겪었다"라고 분석했다.

이런 급박한 상황은 유럽의 천연가스 가격에서 확인된다. 유럽의 벤치마크인 네덜란드 TTF 선물 가격은 2022년 8월 26일 1MWh(메가와트시)당 319.98유로까지 올라 사상 최고치를 기록했다. 평상시의 16배에 달하는 가격이다. 열량을 기준으로 유가로 환산하면 배럴당 500달러를 넘는다. 러시아의 가스 공급에 대한 불확실성이 커지자 비수기인 여름에 사상 최고치 기록을 세운 것이다. 러시아의 우크라이나 침공 직후인 2022년 3월 8일(212.15유로/MWh)보다도 훨씬 높다. 이런 천연가스 가격 앙등은 유럽 각국의 전기료 폭등으로 이어지고 있다. 독일과 프랑스, 이탈리아, 영국 오스트리아 등 대부분 유럽 국가의 2022년 8월 전기료는 MWh당 600유로가 넘었다. 평상시면 50~100유로에서 유지되던 것이다.

유럽의 가스 비축량이 예상보다 빨리 높아지고 각국이 에너지 업

유럽의 치솟는 전기료

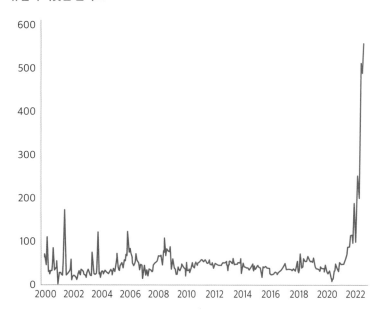

자료: Refinitiv; graph Degussa. Last data point: 22 Aug '22.

체 국유화, 전기 요금 상한선 설정 등 시장 개입에 나서자 2022년 9월 에너지 가격은 상당 폭 하락했다. 하지만 이번 겨울을 무사히 넘긴다 해도 에너지 위기가 끝나는 것은 아니다. 독일의 가스 배급을 담당하는 연방 네트워크Federal Network Agency의 책임자인 클라우스 뮐러Klaus Müller는 "한 번의 겨울이 아니라 적어도 두 번의 겨울을 위한 양이 필요하다"라며 "내년을 희생하면서 올겨울 가스 저장고를 비우는 것은 좋은 선택이 아니다"라고 말했다.[12] 골드만삭스는 독일과 같은 러시아 의존도가 높은 국가들이 천연가스 부족을 메우기까지 몇 년이 걸릴 수 있다고 분석한다. 골드만의 사만다 다트 천연가스 리서치 헤드는 2022년 7월 보고서에서 "유럽의 가스 가격이 2023년 여름에 궁극적으로 다시 한번 더 상승할 것으로 예상한다"라며 "2025년까지는 유럽에서 가스의 지속적인 저가 환경은 나타나지 않을 것"이라고 내다보았다. 날씨가 춥지 않다고 해도 2023년 봄 유럽의 가스 저장량이 22%까지 내려갈 것이고 유럽은 또다시 가스 사재기에 나서야 할 것이라는 분석에서다.[13] 알렉산드로 더크로 벨기에 총리는 단기 해결책이 없는 에너지 부족으로 인해 유럽이 앞으로 5년 동안 혹독한 겨울을 보낼 것이라고 경고했다.

러시아는 전통적으로 겨울의 추운 날씨를 잘 활용해온 나라이다. 유럽을 정복한 프랑스의 나폴레옹이 1812년 6월에 61만 명의 대군을 이끌고 침공했을 때 러시아는 청야 전술淸野 戰術로 대응했다. 적군이 쓸 만한 군수 물자와 식량 등을 모두 없애 쳐들어온 적군을 지치게 만드는 전술이다. 나폴레옹군은 수도 모스크바까지 진군했지만 러시아는 모스크바까지 다 태워버렸다. 그렇게 겨울이 왔고 나폴레옹의 대군은 강추위와 기아 속에 패퇴했다. 이 패배는 결국 나폴레옹 몰락의 결정적 빌미가 됐다. 러시아는 이 전쟁을 조국전쟁Отечественная война 1812 года이라고 부르고 있다. 러시아는 훗날 또 다른 조국전쟁을 치르게 되는데 이는 1941년 제2차 세계대전 당시 나치 독일의 침공으로 벌어진 독소 전쟁을 말한다. 러시아는 이 전쟁을 대조국전쟁Великая Отечественная война이라고 칭한다. 아돌프 히틀러의 군대도 나폴레옹과 같이 6월에 소련을 침공한다. 레닌그라드를 점령하고 수도 모스크바 30km 앞까지 진군했지만 역시 겨울이 오고야 말았다. 소련군은 대대적 반격에 나섰다. 소련의 붉은 군대는 이후 2년간 잃었던 땅을 모두 수복했으며 1945년 1월 독일이 점령하고 있던 폴란드 바르샤바를 점령함으로써 나치 독일의 붕괴에 결정타를 가했다.

03
석유도 안전지대가
아니다

국제 유가의 변동성이 다시 커질 가능성이 제기된다. 미국을 비롯한 주요 7개국G7은 2022년 12월 5일부터 러시아산 원유에 대해 일정 가격 이상으로 사지 못하게 하는 '유가 상한제' 시행을 추진하고 있다. 러시아의 전쟁 자금줄을 끊으려는 조치다. EU가 같은 날 해상을 통한 러시아 원유 수입을 전면 금지하는 데 맞춰 동시에 시행하겠다는 계획이다. 러시아산 원유가 배럴당 40~60달러로 추정되는 상한선을 넘는 가격에 거래될 경우, 그 원유를 수송하는 유조선에 보험사가 해상 보험을 제공하지 못하도록 방식을 도입할 예정이다. 유조선은 운항 과정에서 원유 유출 등 사고 위험이 크기 때문에 보험에 가입하지 못하면 운항 자체가 불가능하다.

그러나 글로벌 석유 업계에서는 이런 형태의 '수요자 카르텔'이 성공한 적이 없었다고 지적한다. 중국과 인도, 터키 등 러시아산 원유를 대규모로 사들이는 국가의 참여가 필수적인데, 이들은 아무런 움직임을 보이지 않고 있다. 제도의 실효성을 떠나 이 조치는 유가를 다시 한번 폭등시킬 우려가 있다. 러시아의 알렉산드르 노박 부총리는 "유가가 생산 원가 이하로 제한되면 석유를 수출하지 않겠다"라고 밝혔다. 그리고 푸틴 대통령은 "상한선이 부과되면 (러시아가 수출을 중단하고) 유가가 급등할 것"이라고 말했다.

JP모건은 2022년 7월 보고서에서 G7이 추진 중인 유가 상한선에 대한 보복으로 러시아가 하루 500만 배럴의 원유 생산량을 줄이는 가장 극단적인 시나리오가 벌어질 경우 브렌트유 가격이 배럴당 380달러까지 치솟을 수 있다고 경고했다. 가장 명백하고 가능성 있는 위험은 러시아가 상한제를 무시하고 석유 수출을 줄여 보복하는 것이며, 이때 러시아는 자국의 경제적 이익을 과도하게 해치지 않으면서도 최대 500만 배럴까지 감산할 수 있다는 것이다. 이는 원유 생산량을 줄이는 만큼 세계 유가가 오를 것이기 때문이다. JP모건은 러시아가 하루 300만 배럴을 감산할 경우 브렌트유가 배럴당 190달러까지 상승할 것으로 예측했다. 또 중국과 인도가 유가 상한제에 대해 G7과 협력하지 않을 가능성도 있다고 지적했다.[14] 보험 업계에서는 제도가 시행되면 보험사들이 제재 위반 가능성을 꺼려 러시아산 원유를 수송하는 유조선에 대해 아예 보험을 팔지 않을 것이란 관측도 나오고 있다.

사실 EU의 해상 보험 금지 조치는 그동안 미국 정부가 반대해온 것이다. 해상 보험을 취급하는 보험사들은 대부분 유럽에 있다. 그리고 전 세계 선박의 90% 이상이 런던에 기반을 둔 보험사들의 모임인 국제 선주 보상 책임 보험 클럽International Group of P&I Clubs을 통해 보험에 가입한다. 이들이 해상 보험을 취급하지 않으면 바다를 통한 러시아의 원유 수출이 막히면서 유가가 폭등할 가능성이 있다. 그래서 유가에 상한선을 둬 러시아가 그 설정한 가격 이하로는 일부를 계속 수출할 수 있도록 하겠다는 게 '유가 상한제'를 기획한 미국의 의도이다. 하지만 러시아가 이에 따르지 않고 원유 공급량을 줄여버린다면 유가 변동성만 키우게 될 수 있다.

러시아가 그동안 천연가스만 무기로 삼은 건 가스 수출액이 전체 에너지 수출액의 15%에 불과해서다. 대다수를 차지하는 원유 수출은 건드리지 않고도 유럽을 압박할 수 있었다. 천연가스의 경우 수출입 전용 터미널과 액화 설비, 혹은 파이프라인 등 인프라가 있어야 하므로 쉽게 공급선을 바꾸기도 어렵다. 또 공급을 줄인 이상으로 천연가스 가격이 올라 러시아는 아무런 손해도 입지 않았다. 로이터에 따르면 러시아 정부는 석유 수출 증가 및 가스 가격 상승으로 2022년 에너지 수출액이 3,375억 달러로 2021년보다 38% 증가할 것으로 보고 있다.[15]

러시아가 원유 공급을 줄일 경우 어딘가에서 추가로 공급하면 문제는 풀린다. 하지만 지난 10여 년간의 ESG(환경·사회·지배구조) 캠페인으로 인해 화석 연료에 대한 투자가 감소해 세계는 원유 공급 부족

목표량을 밑도는 OPEC의 산유량

OPEC-10 산출물 vs. 목표

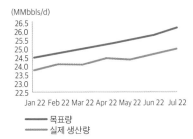

(MMbbls/d)

목표량
실제 생산량

OPEC-10 예비 용량

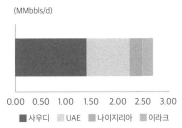

(MMbbls/d)

■ 사우디 □ UAE ■ 나이지리아 ■ 이라크

자료: OPEC, OEA, ING Research

을 겪고 있는 형국이다. 미국은 석유수출국기구OPEC를 압박하고 있지만, OPEC의 공급 능력은 한계에 달했다는 분석이다. OPEC+는 2022년 8월 월간 회의에서 9월부터 하루 10만 배럴을 추가 증산하기로 하면서 "초과 생산의 가용성이 심각하게 제한되어 매우 주의해야 한다"라고 밝혔다.[16] 실제 OPEC+의 산유량은 2022년 지속적으로 목표량 하루 300만 배럴 안팎을 밑돌고 있다. UBS(유니언 뱅크 스위스)는 "OPEC+가 지금의 할당량을 생산하는 데도 어려움을 겪고 있고, 이들의 생산 가능 능력은 계속 감소하고 있다"라며 "OPEC+가 단기간에 의미 있는 방식으로 생산량을 늘리는 것이 여전히 어렵다고 생각한다"라고 분석했다.[17]

러시아발 식량 위기

러시아는 밀 등 농산물을 무기로 쓸 수도 있다. 러시아가 전쟁 직후 서방의 제재에 반발해 비료 수출을 금지한 뒤 비룟값이 폭등하기도 했다. 이는 각국의 농산물 재배 비용의 급등을 불렀다. 에너지와 비룟값 상승은 각국의 농산물 생산을 제한할 수 있다.

유엔식량농업기구FAO에 따르면 2022년 7월 세계 식량 가격은 8.6% 하락했다. 이는 부분적으로 러시아와 우크라이나가 유엔, 튀르키예(터키) 중재 하에 흑해 항구를 통해 곡물 수출을 재개하는 방안에 합의한 덕분이다. 이 합의로 우크라이나는 오데사 항구 등에 쌓아놓은 2,200만 톤의 밀, 옥수수 등을 수출할 수 있을 것으로 기대되고 있다. 그동안 주요 곡물 생산국인 러시아와 우크라이나가 함께 곡물 수출에 차질을 빚으면서 식량 위기 우려가 고조됐으나 급한 불을 끌 수 있게 된 것이다. 하지만 수출이 재개됐어도 물량은 한 달 평균 500만~600만 톤이었던 전쟁 전 수준에 못 미칠 전망이다. 게다가 푸틴의 마음은 언제든 바뀔 수 있다. 흑해 항구 부근에 미사일 한 발만 발사해도 뱃길은 또다시 끊어질 수 있다. 실제 우크라이나의 밀 수출을 공격하지 않기로 합의가 이뤄진 뒤 24시간도 지나지 않은 2022년 7월 23일 러시아의 미사일이 오데사 항구에 떨어졌다. 러시아는 군사 기반 시설을 공격했다고 주장했다. 기술적으로 곡물 기반 시설이 손상되지 않으면 합의 위반은 아니다. 푸틴 대통령은 최근 흑해를 통해 수출된 우크라이나 곡물이 빈국이 아니라 서방으로 수출되고 있다며 11월 이후 합의를 연장하지 않을 수 있다고 경고했다.

곡물 가격 상승 요인은 러시아 외에도 더 있다. 세계 각국에서 가뭄, 폭염 등 이상 기후가 나타나면서 작황에 대한 우려가 커졌고, 비료 가격 상승도 농산물 가격에 전가될 가능성이 크다. 러시아의 공급 조작으로 가스 가격이 급등해 비료 가격은 상승 압력을 받고 있다. 질소 비료의 생산에 가스가 대량으로 쓰이기 때문이다. 만약 2022년 4분기에도 라니냐 등 이상기후가 지속되고 유럽, 미국, 중국 등에 가뭄이 이어진다면 상승 위험은 커진다. 이럴 때 푸틴이 다른 마음이라도 먹고 일방적으로 합의를 철회할 경우 농산물 가격 앙등은 재현될 수 있다. 우크라이나는 전쟁 이전에는 세계 밀의 10%가량을 공급했다.

04
푸틴발 민주주의의 위기

　에너지와 식량 가격 앙등, 장기화되는 인플레이션은 세계 각국의 경제 위기를 촉발할 수 있다. 2010년 아랍의 봄 사태도 식량 가격의 앙등에서 시작됐다. 이집트인, 튀니지인, 시리아인, 예멘인 등은 "빵, 자유, 사회 정의"를 요구하며 거리로 나왔다.[18] 세계식량계획WFP 추산에 따르면 심각한 식량 불안을 겪는 세계 인구가 팬데믹 이전 1억 3,500만 명에서 2021년 2억 7,600만 명으로 증가했고, 우크라이나 전쟁 여파로 2022년에는 최대 3억 2,300만 명으로 늘어나리라 예측된다.[19]

　이는 개도국만의 문제가 아니다. IMF에 따르면 러시아의 가스 공급이 중단되면 헝가리, 슬로바키아, 체코 등 동유럽 국가들은 가스 부족으로 국내총생산GDP이 최대 6%까지 감소할 수 있다. 독일 분데스방크는 독일 경제가 2022년 약 5%p 손실을 입을 수 있으며 2023년에도 3.5%p 낮아질 수 있다고 추정했다. JP모건에 따르면 유럽의 에너지 수입 비용은 연간 약 2,000억 유로(유로존 GDP의 1.6%)에서 현재 약 8,000억 유로(GDP의 6.4%)로 최근 몇 달 사이 네 배 증가했다. 가스 가격이 MWh당 50유로 올라갈 때마다 헤드라인 인플레이션(식량, 에 너지 가격 등을 모두 포함해 경제 내 총 인플레이션을 측정한 것, 변동성이 더 높고 인플레이션 급증에 취약)이 1%p 증가한다. 유럽의 가스 가격이 빠르게 하 락하지 않는 한 높은 에너지 가격, 인플레이션 상승, 금리 상승이 결합 되어 2022년 겨울 경기 침체가 발생할 것으로 예상된다.[20]

이런 세계 각국의 경제적·사회적 위기는 러시아에 유리하게 작 용할 수 있다. 유럽외교협회European Council on Foreign Relations가 2022년 4월 말부터 5월 중순 독일, 루마니아, 스웨덴 등 유럽 10개국의 성인 8,172명을 대상으로 한 설문 조사에 따르면 35%가 우크라이나의 추 가적 영토 손실을 감수하더라도 전쟁이 가능한 한 빨리 끝나야 한다 고 답했다.[21] 응답자의 22%만이 러시아를 처벌하고 우크라이나가 영 토를 모두 되찾을 수 있게 전쟁을 계속하는 데 찬성했다. 유럽외교협 회는 유럽인들은 우크라이나에 대해 큰 연대감을 느끼고 러시아에 대 한 제재를 지지하지만, 장기적 목표에 대해서는 의견이 엇갈리고 있다 고 분석했다. 폴란드를 제외한 모든 국가에서 가능한 한 빨리 전쟁이 끝나야 한다는 대답이 많았다.

사실 우크라이나에 대한 서방의 지원은 도덕적으로 중요하지만, 비 용을 무시할 수는 없다. 경제가 어려워지는 가운데 미국은 360억 달 러, 유럽은 120억 달러가 넘는 돈을 이미 우크라이나 지원 등에 쏟아

부었다. EU의 호세프 보렐 외교·안보 정책 고위 대표는 "푸틴 대통령은 유럽인의 전쟁에 대한 피로, 그리고 우크라이나 지원을 꺼리는 것을 기다리고 있다"라고 말했다.

푸틴 대통령은 이 점을 분명히 노리고 있다. 푸틴은 2022년 6월 상트페테르부르크에서 열린 국제 경제 콘퍼런스에서 "높은 에너지 가격으로 인해 유럽 경제에 어려움이 가중되고 사회적 혼란이 야기되면서 사람들은 '고통받는 지갑'을 보며 투표하게 될 것"이라고 말했다.[22] 천연가스 공급을 끊어 유럽 경제를 침체에 몰아넣으면, 지친 유럽인들이 우크라이나 전쟁 지원에 반대하는 정권을 택하게 될 것이라는 뜻이다. 러시아 내부에서도 푸틴의 전쟁에 대한 불만이 많다. 하지만 푸틴의 전체주의 정권은 내부 불만을 버텨내는 힘이 자유로운 투표로 정권 교체가 가능한 민주주의 국가보다 훨씬 강하다. 유럽 각국이 내부 불만에 훨씬 더 취약하다는 얘기다.

시민 빈곤은 결국 민주주의 균열을 부르고

실제 치솟는 에너지 가격과 정부의 예산 삭감, 경제 악화 등은 유럽의 민주주의를 흔들고 있다. 이탈리아에서는 유럽중앙은행ECB 총재 출신인 마리오 드라기 총리가 이끌던 연합 정부가 2022년 7월 붕괴했다. 연정 내 다수당인 오성운동이 급등한 전기료, 음식값에 대한 '시민 임금' 빈곤 구제 계획과 우크라이나에 대한 무기 지원 반대를 주장하며 연정을 탈퇴한 것이다. 이탈리아 내에서는 러시아의 정치 공작이 개입했다는 주장이 나오고 있다. 드라기는 우크라이나의 EU 가입을 지지하고 러시아의 보유 외환 동결 등을 제안하는 등 러시아에 대해 가장 강경한 태도를 취한 지도자 중 하나였다. 드라기 정부의 외무 장관인 루이지 디 마이오는 "러시아인은 또 다른 서방 정부가 무너진 것을 축하하고 있다. 이제 우크라이나에 무기를 더 보낼 수 있을지 의심스럽다"라고 말했다.[23]

이탈리아는 2022년 9월 조기 총선을 실시한다. 집권이 유력한 극우 포퓰리스트 정당들은 친러시아 성향이 강하다. 드미트리 메드베데프 러시아 국가안보회의 부의장은 소셜미디어에 "보리스 존슨과 드라기, 다음은 누구?"라며 비꼬는 글을 올렸다. 유럽에서 러시아를 가장 강경하게 비판해온 보리스 존슨 영국 총리는 각종 추문으로 사임했다. 그도 손꼽히는 대러시아 강경파였다. 마크롱 프랑스 대통령은 2022년 4월 포퓰리스트인 마린 르펜과의 대결에서 신승해 가까스로 재선하는 데 성공했지만, 2022년 6월 총선에서 여당이 하원 의석 과반을 확보하지 못해 국정에 차질이 빚어지게 됐다.

식량 불안은 개도국 정치의 위기를 부르고 있다. 식료품 부족과 물가 폭등으로 국가 부도 상태에 빠진 스리랑카는 연일 소요가 계속되다가 대통령과 총리가 쫓겨났다. 파키스탄은 2022년 4월 총리가 축출된 뒤 IMF와 구제 금융 협상을 시작했다. 카자흐스탄은 시위를 막기 위해 러시아 군대를 불러들였고 튀니지, 페루에서도 시위가 발생했다. 이런 개도국들의 정국 불안은 대규모 이민을 부추기고, 이런 불법 이민이 향하는 유럽과 미국 등에서는 반이민을 부르짖는 포퓰리스트 등장이 가속화될 수 있다. 실제 2022년 유럽으로의 이민이 급증해 2021년보다 약 80% 증가했다. 우크라이나에서 온 전쟁 난민에 이라크, 시리아, 이집트 및 기타 북아프리카 국가에서 불법 이민이 쏟아지고 있어서다. 전쟁에서 비롯된 식량 부족으로 인해 어려움을 겪고 있는 나라다.

포퓰리즘 정부의 등장과 민주주의 국가의 분열은 러시아가 노리는 것이다. 포퓰리스트들은 통상 푸틴, 시진핑과 같은 독재자들에게 우호적인 경우가 많다. 지난 2010년부터 헝가리의 정권을 잡고 있는 빅토르 오르반 총리가 대표적이다. 스스로 "유럽의 유일한 반이민 정치 지도자"라고 말하는 그는 2022년 7월 "우리는 혼혈 민족이 아니며, 혼혈 민족이 되기를 원하지 않는다. 유럽인과 비유럽인이 섞인 국가는 더는 국가가 아니다"라고 말해 논란을 낳았다. 그는 "북대서양조약기구NATO(나토)가 우크라이나에 현대화한 무기를 보낼수록 러시아는 전선을 넓힐 것"이라며 "우리가 하는 일은 전쟁을 장기화하는 셈"이라고 밝히기도 했다. 헝가리는 EU 내에서 러시아산 원유 금수 등 고강도 대러시아 제재안에 반대 목소리를 내온 나라이다. 러시아는 유럽에 대한 가스 공급을 끊으면서도 헝가리에 대해선 가스를 추가 공급하고 있다. 포퓰리즘을 지원하려는 것이다.

05
세계화의 후퇴,
인플레이션의 고착

에너지, 농산물로 인한 인플레이션 문제는 단기적으로 끝나지 않을 것이다. 전쟁이 종결된다고 해도 서방의 러시아에 대한 제재는 상당 기간 지속할 것이다. 그리고 이는 러시아를 글로벌 경제에서 분리해낼 수 있다. 이미 진행 중인 탈세계화deglobalization는 이번 전쟁을 계기로 더욱 가속화되고 있다. 글로벌 공급망이 2개로 나뉘면서 인플레이션은 세계 경제에 고착할 가능성이 제기된다. 골드만삭스의 원자재 리서치 글로벌 헤드 제프 커리는 "세계 원자재 시장이 2개로 나뉘고 있다"라며 "이 모든 것은 (진행되고 있는) 원자재 슈퍼 사이클을 강화할 것"이라고 분석했다.[24] 세계 최대 자산 운용사인 블랙록의 래리 핑크 최고경영자CEO는 2022년 3월 주주 연례 서한에서 "러시아의 우크라이나 침공은 지난 30년 동안의 세계화에 종지부를 찍었다"라고 밝혔다.[25]

세계화는 1991년 소련이 무너지고, 2001년 중국이 세계무역기구

WTO에 가입하면서 본격화됐다. 세계적 경쟁은 많은 상품의 가격을 떨어뜨렸다. 기업들은 제품을 생산할 가장 저렴한 장소와 노동력을 찾아 글로벌 공급망을 구축했다. 글로벌 분업이 증가하면서 상품과 서비스 모두에서 교역은 폭증했고, 기업들은 풍부한 자본 시장에 접근할 수 있었다. 부와 성장, 낮은 물가가 전 세계로 퍼졌다. 2000~2019년 20년 동안 미국의 상품 가격은 연평균 0.4% 상승하는 데 그쳤다. 서비스 가격은 매년 2.6% 올랐지만, 상품 물가의 안정으로 에너지와 음식물을 제외한 '근원' 인플레이션은 연평균 1.7%에 그쳤다.

하지만 세계화는 '빈익빈 부익부'의 부작용을 가져왔다. 2016년 미국의 트럼프 전 대통령 등장, 2020년 코로나19 팬데믹은 반세계화 흐름에 탄력을 더했다. 그리고 2022년 러시아의 침공이 발생했다. 게다가 미국과 중국은 치열한 패권 다툼을 벌이고 있다. 부분적 협력은 있어도 과거와 같은 파트너십은 더 이상 없을 것이다. 일부에선 세계 경제의 블록화 가능성을 지목한다. 페터슨국제경제연구소의 애덤 포젠 소장은 "세계 경제가 블록으로 분열될 것 같다"라고 말했다. 러시아와 중국, 이란 등 미국에 적대적인 국가 블록과 미국과 그 동맹국 블록으로 나뉠 것이란 얘기다.

2014년 러시아의 크림반도 침공 이후 서방이 러시아를 제재하자 러시아와 중국 사이의 무역은 50% 증가했다. 이번에도 중국은 러시아 에너지 구매를 확대하고 있다. 미국의 싱크 탱크 애틀랜틱 카운슬의 로버트 매닝 선임연구원은 "중국이 러시아 쪽으로 더 기울 수 있고 미래는 2차 냉전이 될 수 있다"라고 말했다.

반도체를 둘러싼 첨예한 냉전

냉전이 첨예하게 벌어지고 있는 대표적 분야가 반도체다. 미국과 중국, 유럽은 '산업의 쌀'로 불리는 반도체 공급망을 지배하기 위해 총력전에 나서고 있다. 우주 개발, 인공지능AI, 양자컴퓨터 등 미래 기술 전쟁에서 이기려면 반도체를 갖는 게 필수적이다. 팬데믹으로 인한 공급망 혼란을 겪으면서 반도체의 중요성은 더 커졌다. 중국이 2020년부터 2025년까지 1조 4,000억 달러를 '반도체 굴기'에 투자하고 있는 가운데, 미국은 2022년 7월 '반도체법The CHIPS and Science Act'을 통과시켜 미국 내 반도체 생산과 연구 등에 총 527억 달러를 지원하기로 했다. 그중 240억 달러가 미국에 반도체 공장을 짓는 기업에 보조금으로 주는 것이지만, 이 돈을 받으면 최소 10년간 중국에서 28nm(나노미터·10억 분의 1m) 이하의 반도체를 생산할 수 없다.[26]

이렇게 탈세계화와 공급망 재편으로 각국 간 무역과 경제 의존도가 줄어들면 글로벌 성장은 위축되고 혁신도 감속할 가능성이 커진다. 세계화에 기반한 지난 30년간의 저물가 시대도 종언을 고할 수 있다. 영국중앙은행 전 총재 마크 카니는 "세계화가 디플레이션이었던 것처럼 탈세계화의 결과는 인플레이션이 될 것"이라고 말했다. 기업이 효율적인 곳에서 생산하기보다 자국에서 생산할 경우 가격이 올라갈 것이란 얘기다. 게다가 우크라이나 전쟁으로 국가 안보에 대한 가치는 더 커졌다. 미국의 조 바이든 대통령은 2022년 3월 1일 국정 연설에서 "항공모함의 갑판에서 고속도로 난간의 강철에 이르기까지 미국산임을 확실히 하겠다"라고 맹세했다.

월가 투자자들은 인플레이션 장기화에 베팅

세계 최대 채권 운용사인 핌코 등 월가의 일부 투자자는 인플레이션 장기화에 베팅하고 있다.[27] 인플레이션 연동 채권TIPS을 집중적으로 사들이고, 원자재에 대한 노출을 늘리며 대신 채권 보유는 줄이고 있다. 핌코의 이코노미스트 티파니 와일딩은 "지난 20년간의 '물가 대안정기the great moderation'는 이미 지난 이야기"라며 "세계가 투입 비용 전반이 올라 앞으로 수년간 가격 수준을 조정해나가야 하는 높은 인플레이션 시기를 맞을 것으로 예상한다"라고 밝혔다. 인플레이션이 지금의 높은 수준에서는 내려오겠지만 탈세계화 등으로 인해 과거의 낮은 물가로 되돌아가지는 못할 것이란 판단이다. 세계화가 확대될 때는 낮은 인건비와 값싼 상품이 물가를 억제했지만 그런 추세가 뒤집히기 시작했다는 것이다.

서방이 러시아와의 관계를 끊자 석유 가스 등 에너지 가격은 상승했다. 팬데믹으로 망가진 공급망을 재건하고 있는 기업들은 낮은 비용보다 미·중 관계 등 정치적 긴장을 고려해 투자해야 한다. 그리고 각국의 빡빡한 노동 시장은 임금 상승을 부르고 있다. 영국의 경제학자인 찰스 굿하트와 마농 프레단은 1990년대 이후의 낮은 인플레이션은 중앙은행 정책보다는 인구 구조와 관련이 있다고 주장한다. 아시아와 동유럽의 저임금 노동자들이 세계 공산품 가격을 억제했다는 것이다. 그러나 이제 노동 과잉은 노동력 부족의 시대로 바뀌고 있고 이에 따라 인플레이션이 높아질 것이라고 봤다.[28]

세계 최대 자산 운용사인 블랙록은 2022년 펴낸 중기 전망에서 "1980년대 중반부터 팬데믹이 닥치기 전인 2019년까지는 성장과 인플레이션이 모두 안정된 놀라운 기간이었지만 생산 제약과 기록적 부채 수준, 정치 과잉 등으로 인해 '대안정기'는 끝났다"라고 분석했다.[29] 블랙록은 "우리는 인플레이션과 함께 살게 될 것"이라며 장기 포트폴리오에서 주식 비중 확대와 국채 비중 축소를 유지한다고 밝혔다. 고물가로 인해 채권 금리가 지속적으로 올라갈 것이란 예상이다. 또 높은 물가 등으로 인해 글로벌 성장이 정체될 경우에는 주식도 비중을 축소해야 할 위험이 있다고 지적했다.

푸틴의 우크라이나 침공은 미국 도널드 트럼프 전 대통령의 등장으로 본격화된 탈세계화 흐름에 휘발유를 부었다. 이는 정치적으로는 세계 각국에서의 포퓰리스트 정부 등장, 경제적으로는 좀 더 높은 인플레이션의 고착화와 성장의 감소로 이어질 수 있다. 무역 의존도가 높은 한국은 세계화 시대의 가장 큰 수혜자였다. 기업들은 세계 각지에 진출해 값싼 원자재와 저임금 인력을 구해 경쟁력 있는 제품을 만들어 냈고 이를 세계화로 열린 글로벌 시장에 내다 팔았다. 하지만 푸틴의 전쟁으로 만들어진 새로운 환경은 이제 커다란 변화를 요구하고 있다.

4장

강영현

성균관대학교와 동 대학원에서 경제학을 전공했다. 2008년 유진투자증
권에 입사한 후 투자정보연구팀장을 역임했다. 현재 유진투자증권 영업부
이사로 재직하며 매크로 분석·기업 탐방 등 정보 분석에 기반한 투자 전략
을 제시하고 있다. 특히 코로나19 이후 하락장을 정확히 예측하며 수익 방
어에 두각을 나타냈다. 냉철한 분석력을 발휘해 〈삼프로TV〉, 〈E 트렌드〉
를 비롯한 유튜브 투자 방송에서 증시 시황과 투자 전략을 전달하고 있다.
유튜브 〈강영현의 주도주클럽〉과 네이버 카페 〈주식 제값 찾기〉 및 다양한
SNS 채널을 통해서도 양질의 인사이트를 전달하며 투자자들의 멘토로서
활발히 활동 중이다.

장기화되는 침체의 늪, 어떻게 투자할 것인가

: 2022~2024년 시장 전망과 투자 조언

투자자들은 성공적인 투자를 하기 위해 FED가 움직이는 증권 시장의 호흡과 매우 규칙적인 영혼의 박동을 느껴야만 한다. 밀물인지 썰물인지도 파악하지 못한 어부가 배를 띄울 수 있겠는가. 지금은 들이마셔야 하는 숨일까? 내뱉어야 하는 숨일까? 그 방향이 파악될 때까지 조심하는 것이 좋지 않겠는가?

more
dangerous
future

01
가보지 않은 길,
역대급 매크로
방향 전환

"이럴 수가!"

2022년 상반기 미국 FED Federal Reserve Board (연방준비제도)의 긴축 일정이 발표되었을 때, 전 세계 투자자들은 뒤통수를 세게 한 대 얻어맞은 기분이었다. 주식·채권시장이 동시에 큰 폭으로 급락하는 것을 보며, 투자자들은 그동안 느껴보지 못한 두려움 속에 보유한 자산들을 발 빠르게 처분하기 시작했다. 두 시장이 한꺼번에 큰 폭으로 하락한 것은 역사적으로도 흔치 않은 일이었다.

당황스러웠다. 경기에 대한 확신과 매우 양호했던 기업들의 실적 전망, 그리고 팬데믹 이후 충분히 공급되어 넉넉했던 유동성을 보며 시장 참여자들은 향후 지수 상승에 대해 매우 낙관하고 있었다. 그랬기에 충격은 더욱 클 수밖에 없었다.

증시는 2021년 연초부터 프라이팬처럼 달궈졌지만, 하락에 대비하는 흐름은 지표상 전혀 감지되지 않았다. 오히려 그런 강세장에서 하락을 대비하는 것은 돈을 못 벌게 하는 그저 한없이 미련해 보이는 레토릭rhetoric으로 취급될 뿐이었다.

더 안타까운 것은, 국내 10대 주요 증권사 중 단 한 곳도 이번 긴축이나 인플레이션의 공습을 제대로 예측하고 경고한 곳이 없었다는 것이다. 전문가들 사이에서도 증시 고평가 상황을 조심하자는 의견은 끼어들 틈이 많지 않았다. 철옹성 같았다.

"지금의 인플레이션은 일시적인 것이고, 테이퍼링은 실업률이 개선되기 전에는 하지 않을 것이며, 금리 인상이나 QT(양적 긴축)는 생각해 본 적도 없다."

제롬 파월 의장은 능숙하게 시장의 불안을 안심시켜나갔다. 시장이 원하는 표현들만 골라서, 아주 차분한 어조로 읽어내는 제롬 파월의 메소드 연기method acting에, 시장 참여자들은 결국 모두 속아 넘어가버렸다.

아주 강렬했던 2013년 상승장을 떠올리며 투자자들 또한 "주식은 결국 오르게 되어 있다"라는 검증되지 않은 내러티브를 맹신하게 되었다. 집단 최면이라도 걸린 듯 투자자들은 한 치의 의심도 없이 그 순진한 생각에 흠뻑 젖어들었고, 계속해서 쌈짓돈을 찾아 주식에 밀어 넣었다. 그 이후 역대급으로 달궈진 증시는, 큰 하락 조정의 과정을 거쳤다. 그제야 그토록 무모했던 확신의 대가가 얼마나 혹독한지, 투자자들은 비로소 느끼기 시작했다. 어쩌면 잠깐의 조정이 될지는 모르겠지만, 주식을 매수한 채 큰 폭의 하락을 맘 편히 버티는 것이 말처럼 쉽지만은 않았을 것이다.

그런 하락이 있고 나서야 여의도 전문가들도 지난 실수를 인정하고 비관적 전망을 조금씩 받아들이기 시작했다. 이렇게 하나둘 후회하기 시작했지만, 계좌는 이미 큰 손실이 난 상태였고 버티는 것 말고는 다른 방법은 없었다. 다행히 반등은 했지만, 우리는 또 다른 질문 앞에 서게 되었다. 과연 앞으로 어떻게 될 것인가?

장·단기 투자자 모두 고통스러워지는 '역실적 장세'가 온다

우리는 매크로Macro의 변곡점에서 주식 투자가 얼마나 위험한 것인지 정확히 알아야만 한다. 시장이 마음을 열고 돈을 벌게 해줄 때와 그렇지 않을 때를 구분하지 못하고 투자에 임한다면, 그 자체로 이미 실패를 잉태한 것이다. 아마도 조만간 또 한 번의 더 큰 하락을 마주하고 지금보다 더 큰 것을 배우게 되지 않을까 싶다.

한 치 앞도 모르는데, 시장을 예상하고 대비하는 것은 서로 앞뒤가 맞지 않는다고 말하는 투자자들도 있다. 그러니 예측 따위는 하지 말자고. 그러나 필자의 경험으로는, 시장은 일련의 신호들을 통해 복잡한 수수께끼 같은 미래를 풀 수 있는 단서들을 우리 앞에 떨어뜨려준다. 잘 찾아보면 풀어나갈 실마리를 발견할 수 있다. 한 번에 딱 풀리는 수학 방정식같이 명쾌하지는 않겠지만, 시장을 예측하는 것이 아주 터무니없는 행위는 아니라는 것을 말하고 싶다.

내일이나 일주일 뒤 시장에 대해 점칠 수는 없지만, 길게 추세를 보는 것은 어느 정도 가능하고 그 정도만 되어도 큰 충격을 피할 대비 정도는 다 할 수 있다. 만약 그런 것마저 없다면 주식 투자와 도박의 차이가 무엇이겠는가.

앞으로의 시장은 어떻게 될까? 이 정도 하락도 충격이 컸는데, 뭔가 더 하락할 이유가 남아 있을까? 보급형 전문가인 나에게 조금 무거운 주제일 수는 있겠지만, 향후 지수와 매크로 방향, 그리고 투자자들이 참고해야 할 지표들에 대해 적어보려 한다. 부디 독자들의 아까운 시간과 명망 있는 분들의 지면에 폐가 되지 않았으면 한다.

결론부터 말해, 필자는 2022년 상반기에 나타났던 증시의 하락은 유동성이 회수되는 초입에 늘 보이는 전형적인 약세장 흐름이었고, 향후 추가적인 하락 장세가 2022년 하반기부터 상당 기간 이어질 것이라고 생각한다.

2021년부터 2022년 상반기까지의 하락은 굳이 유형을 분류해보면, '역금융 장세'라고 할 수 있다. 말 그대로 유동성이 줄어들면서 주식들의 적정 주가 레벨이 일제히 내려가는 시장이다. 날씨에 비유해보면 장마철이라고 할 수 있겠다. 안 젖는 곳이 없다. 우량주, 非우량주할 것 없이 전체적으로 내려간다.

그러나 향후 펼쳐질 시장은 '역실적 장세'로 불릴 것이다. 이 구간에서는 지수가 급락하기보다는 매우 지루한 등락을 반복하는 모습을 보이는 한편, 그 하락 기울기도 유동성 장세보다 가파르지 않을 것이다. 그래서 투자자들은 실제로 시장이 그렇게 나쁘다고 생각하지 않을 수도 있다.

그렇지만 사실은 그게 더 무서운 시장이다. 리스크에 대해 크게 못 느끼면서도 업종이나 종목 선택에서 실패할 확률이 매우 높아지기 때문이다. 또 투자자들은 '희망 회로'를 열심히 돌리며 하락하는 추세에서 주식 비중을 점점 늘려가거나, 큰 손실이 나도 손절하고 다음을 준비할 생각을 하지 못하게 된다.

결국 지수는 어느 시점에서 이전의 지수 레벨보다 크게 하락한 상태가 될 것이고, 아주 길고 지루한 이런 약세장에서 투자자들은 큰 결실도 없이 지쳐가다가 결국 번아웃되고 말 것이다. 또 이런 시장에서는 기존 유동성 장에서 잘 먹히던 로직이 제대로 작동하지 않기 때문에, 역실적 장세를 경험해보지 않은 투자자들은 매우 혼란스러워하고 도돌이표 같은 좌절에 빠지게 될 것이다.

종목과 업종 선택만 잘할 수 있다면, 시장 지수와 큰 상관없이 수익을 낼 수도 있겠지만, 역실적 장세에서는 그럴 수 있는 확률이 매우 낮다. 대부분의 종목은 약한 실적 성장과 비용 증가 등으로 추세적 약세 흐름을 보이며 상승은 짧고 하락은 긴 차트를 만들 것이다.

유동성의 뒷바람을 받지 못하는 상황에서는 아무리 훌륭한 트레이더라 하더라도 승률이나 기대 수익률이 높지 않기 때문에, 투자자의 유형에 상관없이 장·단기 투자자 모두가 고통스러워하게 될 것이다.

금리 인상의 여파는 아직 오지도 않았다

지난 2021~2022년까지 투자자들에게 가장 중요했던 과제는 인플레이션과 주식시장의 관계를 파악하는 것이었다. 그래야 FED의 금융 정책 방향을 예상하고 대비할 수 있었기 때문이다. 그러나 이제 2022년 하반기부터 2024년까지는 이미 진행된 FED의 정책들이 실물 경제에 미칠 영향들을 신중히 고민하고 지표들을 면밀하게 관찰하여 종목과 업종 선정에 적용해야 하는 것이 숙제로 남겨져 있다.

자산 가격이 하락하는 초기에는 그 하락의 최종적인 범위와 폭을 정확히 예견할 수는 없다. 하락이냐, 상승이냐의 구분도 매우 힘들 것이다. 그러나 모른다고 손 놓고 있을 수는 없다.

다행인 것은 우리가 과거의 경제 환경과 FED의 긴축 사례를 통해 어느 정도 미래에 발생할 상황 변화에 대해 미리 감을 잡고 대비할 수 있다는 점이다.

필자가 대형 유튜브나 경제 방송에서 "테이퍼링은 당겨질 것이고, 금리 인상과 QT는 한꺼번에 들어올 것이니 FED의 작전 계획을 파악하고 미리 대비해야만 한다"라고 자신 있게 얘기할 수 있었던 것도 사실은 FED가 그동안 해왔던 정책을 살펴보고, 그 안에 숨어 있는 경제학적 로직을 통해 결정적인 단서들을 유추할 수 있었기 때문이다.

지난 수십 년간 금리 인상은 여러 차례 있었지만, 2022년 금리 인상 흐름은 이전의 비교 대상이 없을 정도로 가파르게 진행되고 있다. 아래의 차트를 보면, 왼쪽 갈색 실선이 지금까지의 2.5% 금리 인상이고, 갈색 점선으로 표시된 것은 여기서 시장의 예상 수준인 4%까지의 인상을 표시한 것이다.

만약 예상대로 금리 인상이 진행된다면, 지난 40년간 비교 대상이 없는 가장 빠르고 강력한 긴축이 된다. 1980년대 폴 볼커Paul Volcker 의장 이후 최대 폭, 최고 각도의 긴축이다.

1994년 이후 연준의 하이킹 사이클(hiking cycles) 역사

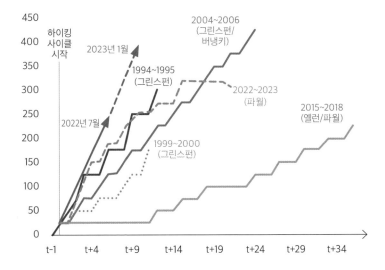

자료: Bloomberg

투자자들도 이번 긴축에 대해 어느 정도는 고려하고 있었을 것이라고 본다. 그렇지만 매우 피상적이고, 극히 주식 투자자의 입장에서만 유리한 해석을 하고 있다고 생각된다. 금리의 파고가 실물에 파고들기 전까지는 피부에 와닿지 않을 것이다. 여의도나 뉴욕이나 마찬가지로 이런 인플레이션과 긴축을 경험해본 적이 없고, 정책 금리의 변화가 현실에서 느껴지기까지는 6개월 이상의 시간이 필요하기 때문에, 당장은 뭔가 감을 잡기에는 조금 이른 면이 없잖아 있다. 앞으로 상당한 시간이 많이 지나야 반응이 올 것이다.

상황이 그러하니 시장에서도 어느 정도 경기 위축에 대해 동의는 하지만, 오히려 안 좋은 경제 지표나 지수 하락이 나타날 때마다, FED의 정책이 반대 방향으로 바뀔 수도 있다는 기대감을 감추지 못하고 있다. 반등이 오니, 더욱 그런 생각에 힘이 실리는 듯하다.

"Bad is good."

지표가 나빠지면 경기가 망가질 것을 걱정하는 FED는 정책을 반대 방향으로 바꿀 것이고 유동성이 재차 확장되어 예전과 같은 뜨거운 장세로 회귀할 것이라고 생각하는 투자자들의 마인드를 잘 표현한 문장이다.

그러나 나는 그 생각에 매우 동의하지 않는다. 잠깐 경기가 어려워지거나 주가지수가 하락한다고 해서 FED가 정책을 바꿔 금리 인하로 돌아설 가능성은 전혀 없어 보이기 때문이다. 나중에 자세히 설명하겠지만, 우선 차트를 한번 보자.

미 연준의 금리 인상과 그에 따른 경기 여파

자료: 《월스트리트저널》

　FED는 최근 40년 동안 대략 실업률 5% 수준에서 정책 금리를 올리기 시작했고, 4%의 완전 고용 수준에서 멈추었다. 그리고 실업률이 0.3~0.5% 올라오기 시작하면, 금리를 다시 천천히 낮추기 시작했다. 짙은 갈색이 실업률, 옅은 갈색이 FED 기준금리, 검은색이 Core CPI 이다.

　그럼 지금 상황과 한번 비교해보자. 2022년 3월 FED가 기준금리를 인상하기 시작할 때, 미국의 실업률은 3.6%로 고용 시장은 역대급 호황이었다. FED가 과거의 기준으로 똑같이 행동했다면 기준금리는 2021년 9월부터 올렸어야 했다. 역사적으로 FED의 기준금리 인상은 경제가 완전 고용에 도달했을 때 이뤄진 것이 아니다. 완만한 회복세를 보이기 시작하면 긴축을 시작했다. 미국의 완전 고용 실업률이 4~4.2%라고 할 때, FED는 실업률이 5% 근처에 올 때 긴축을 시작했어야만 했다.

그러니 FED의 역사적 행적을 예측 근거로 선택한다고 하면, 지금 FED는 예전과는 매우 다른 형태의 정책 대응을 했고 그것이 결국 물가를 자극하는 기폭제가 되었다는 것을 가정에 두고 투자 판단을 하는 것이 합리적이라고 생각한다.

FED의 정책 금리가 2.5%까지 올라와 있는 지금, 고용 지표는 여전히 호조세를 보이고 있다. 다른 말로 정책 대응이 늦었다는 말이다. 소비와 생산이 하락세를 보이고 있기는 하지만, FED가 직접적으로 정책에 반영하는 아주 중요한 핵심 요소key factor인 고용 시장 지표는 여전히 너무 강하고 그래서 물가 압력이 높아진 것이다. 그러므로 고용 지표가 자연 실업률에 도달할 때까지 FED는 기준금리 인상과 긴축을 멈추지 않을 것이다.

과거 FED가 금리 인상을 하다가 중간에 변경한 사례를 들어, 2022년 이후에도 그렇게 될 것이라고 판단하는 투자자들도 있다. 그러나 단순히 과거의 8번의 금리 인상 케이스들의 표면적 형태만 참고하여 투자 결정을 내리면 결국 좋지 않은 선택을 하게 될 가능성이 크다는 점을 명심해야 한다.

주식과 경제 뉴스들로 투자 판단을 할 때는 겉으로 드러나는 것 말고 그 이면에 있는 로직을 깊이 판단하는 것이 중요하다. 겉으로 보면 비슷해 보일 수도 있다. 그렇지만 인과관계의 결함이 없어야 한다. 금리를 올리는 것은 똑같지만 올리는 상황이 다를 수 있으므로, 금리 인상으로 나타나는 결과만 예로 들어가며 이번에도 이것들과 비슷할 것이라고 말하는 것은 문제가 있다.

또 다른 실패를 하지 않기 위해 필자는, FED 정책의 미래를 읽기 위해 실업률을 살펴보라는 얘기를 꼭 하고 싶다. 특히 고용 지표 중에서 신규 고용보다는 신규 실업 수당 청구 건수를 제대로 살펴보기를 추천한다.

1994년은 FED가 금리 인상을 하다가 경기가 갑자기 나빠지자 다시 금리를 인하하기 시작했다. 그러다 1996년부터 1999년 닷컴 버블이 깨질 때까지 다시 천천히 금리를 인상했다. 금리도 오르고 주가지수도 오르는 시기였다. 지금도 FED가 긴축을 하다가 다시 금리를 내리기만 해주면 그때와 같은 상승장을 다시 경험하게 될 것이라고 생각하는 것이다.

그러나 이는 잘못된 생각이다. 그 당시 FED가 완화 정책으로 입장을 바꿀 때의 경제 지표와 지금의 경제 상황은 전혀 다르다. 우선 그때는 6.4%의 실업률에서 미리 금리를 올리다가 갑작스럽게 경기가 나빠져서 금리 인하를 단행한 것이고, 지금은 완전 고용 실업률 4%보다 더 좋은 3.7% 실업률 상황이다. 설령 지수가 조금 내리거나 경기가 약간의 하락세에 들어간다고 해도 FED가 정책을 바꿀 가능성은 거의 없다.

다시 한번 말하지만, FED는 실업률을 지표로 의사 결정을 한다. 소비, 고용, 소득, 투자 등의 여러 지표 중에서 FED의 정책 변경의 핵심 열쇠는 고용 지표였다. 지금 상황을 보면, 오히려 충분히 길고 강한 긴축을 더 오래 지속한다고 보는 게 맞을 것이다.

FED를 무턱대고 믿거나 불신할 것이 아니라, FED가 비록 실수하더라도 내 돈을 지키겠다는 그런 자주적인 마인드로 시장에 접근해야 지혜로운 선택이 아닐까? 경제 지표들은 FED의 정책이 당분간 변경될 수 없다고 말하는 중이다.

02
FED의 긴축에 따른
급격한 자산 가격 하락에
대비해야 한다

역대급 인플레이션 상황에서 그것을 잡기 위해 FED가 금리 인상을 진행하는 중이다. 여러 원인이 있겠지만 갑자기 나타난 인플레이션의 가장 큰 이유라고 생각되는 것을 하나 말해보고자 한다.

결국 지표로 확인해보면, 이 모든 것은 돈이 많이 풀려서 그렇다. 유가든 집값이든 임금이든 돈이 없으면 안 오른다. 돈이 너무 많이 풀렸다. 이렇게 많은 돈을 풀어야만 했던 이유는 팬데믹으로 경제활동에 제한이 생기면서 통화 유통 속도가 급속도로 낮아진 것이 일차적인 원인이었다. 그에 따라 통화 공급량을 늘려주어 금융 시스템 위기까지 가지 않게 만들기 위한 전략이었다고 생각된다.

2020년 팬데믹이 발생한 후 사람들은 외부 활동을 하지 못하게 되었다. 그러니 돈을 거래할 일이 줄어들었고 화폐가 돌지 않게 되었다. 149페이지 그래프를 보면, 화폐 유통 속도Velocity가 떨어져 버린다. 그

미국 M2 화폐 공급 증가율

연도	M2 (10억 달러)	증가율 (%)	연도	M2 (10억 달러)	증가율 (%)	연도	M2 (10억 달러)	증가율 (%)
1959	298		1980	1,600	9%	2001	5,433	10%
1960	312	5%	1981	1,756	10%	2002	5,771	6%
1961	336	7%	1982	1,906	9%	2003	6,066	5%
1962	363	8%	1983	2,124	11%	2004	6,417	6%
1963	393	8%	1984	2,306	9%	2005	6,680	4%
1964	425	8%	1985	2,492	8%	2006	7,070	6%
1965	459	8%	1986	2,728	9%	2007	7,469	6%
1966	480	5%	1987	2,826	4%	2008	8,190	10%
1967	525	9%	1988	2,988	6%	2009	8,493	4%
1968	567	8%	1989	3,153	5%	2010	8,799	4%
1969	588	4%	1990	3,272	4%	2011	9,658	10%
1970	627	7%	1991	3,372	3%	2012	10,452	8%
1971	710	13%	1992	3,425	2%	2013	11,020	5%
1972	802	13%	1993	3,475	1%	2014	11,674	6%
1973	856	7%	1994	3,486	0%	2015	12,340	6%
1974	902	5%	1995	3,630	4%	2016	13,214	7%
1975	1,016	13%	1996	3,819	5%	2017	13,855	5%
1976	1,152	13%	1997	4,033	6%	2018	14,374	4%
1977	1,270	10%	1998	4,375	8%	2019	15,326	7%
1978	1,366	8%	1999	4,638	6%	2020	19,130	25%
1979	1,474	8%	2000	4,925	6%	2021	21,872	14%

자료: FRED, charlieBilello

통화 유통 속도와 인플레이션

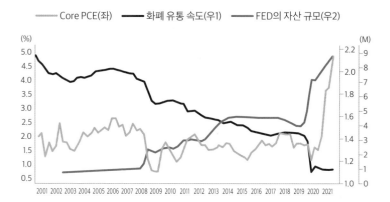

자료: Bloomberg

래서 FED는 돈을 찍어 부족한 부분을 채워준 것이다. 자동차에 냉각 수를 보충하는 걸 생각하면 된다.

쉽게 생각해서 GDP가 100만 원이면, 평상시에는 화폐가 10바퀴를 회전하는 습성이 있다고 하자. 그러면 FED는 10만 원의 화폐를 시중에 공급하는 것이다. 그럼 그 10만 원이 10바퀴 돌아서 100만 원의 GDP 거래를 완성하는 것이다. 그런데 갑자기 사람들이 돈을 안 쓰면서 화폐 유통 속도가 5바퀴로 줄어들었다면 어떻게 해야 할까? 화폐를 20만 원 공급해줘야만 100만 원의 거래가 원활히 진행되는 것이다. 이것에 맞게 정책을 취하다 보니, FED의 자산 규모가 두 배로 늘어난 것이다.

그런데 예상보다 빨리 경제활동이 회복되면서 돈의 회전 속도가 갑

미국의 가처분 소득 대비 주택 가격

(Index)
150
140
130
120
110
100
90
80
70

지불 능력
증가

1997 1998 1999 2000 2002 2003 2004 2005 2007 2008 2009 2010 2012 2013 2014 2015 2017 2018 2019 2020 2022

(Index)
150
140
130
120
110
100
90
80
70

자료: Goldman Sachs

자기 빨라졌고 FED가 공급했던 화폐의 공급 과잉이 발생한 것이다. 그러니 실제 필요한 것보다 돈이 넘쳐나는 구조가 이어져 왔고 그게 부동산, 주식, 채권, 가상 화폐로 몰리면서 모든 자산 가격을 동시에 들어 올려버리게 된 것이다. 결국 인플레이션은 화폐적 현상이다. 숨 쉬는 것 빼고 모든 것이 거품인 세상은 그렇게 만들어졌다.

위 그래프는 미국 가계의 가처분 소득에서 모기지 비용을 뺀 값인데, 2020년 들어 매우 낮아졌다. 1990년대 이후 최악이다. 즉 소득에 비해 집값이 너무 비싸다는 얘기다.

또 다른 그래프를 보자. 다음은 주식시장의 총 시가총액을 GDP로 나눈 버핏 지수Buffet's ratio이다. 지수가 조정을 보였음에도 아주 높은 상태를 유지 중이다. 즉 주식시장도 과열이라는 얘기다.

버핏 지수 흐름

자료: Kailash Capital, LLC

유동성 파티 이후, 자산 거품을 직시할 때

FED가 이런 인플레이션 상황과 자산 거품 상황을 도대체 어떤 방법으로 잡을까? 그것만 알면 대응 전략이 제대로 세워질 수 있을 것 같다. 결론부터 말해, FED는 모든 루트의 돈줄을 차단하는 정책을 취할 것이다. 유동성을 말려 버리면, 인플레이션은 잡힌다. 원자재가 오르고 집값이 오르고 임금이 오르고 식료품값이 오르는 근본적인 원인은 돈이 너무 많이 풀려서이다.

그러므로 반대로 긴축하면 거의 모든 자산 가격이 하락하게 된다. FED가 긴축을 하면 유동성은 축소되고, 투자자들은 부족한 자금을 투자 자산에서 빼기 시작한다. 그리고 높은 이자 때문에 오래 기다려

FED 자산과 S&P 지수

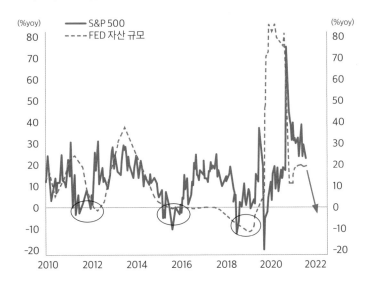

자료: ISABELNET

야 하거나 성공 확률을 장담할 수 없는 위험한 자산에 대한 니즈가 줄어들면서 성장주나 재무구조가 불리한 주식들부터 가격이 크게 하락하기 시작한다.

위 그림에서 갈색 실선이 S&P 500 지수이고 검은 점선이 FED의 자산 규모이다. 점선이 0 이하로 내려오면 긴축을 하는 것이고, 0 이상으로 올라가면 완화를 한다고 보면 된다. S&P 500 지수 상승률과 FED의 자산 증가율이 비슷한 흐름을 보인다.

다른 그래프를 한번 보자. 회색 선은 오른쪽 눈금으로 미국의 주택지수이다. 내려갈수록 수치는 올라간다. 그리고 갈색 선은 4주 평균 신

부동산 가격과 실업률 움직임

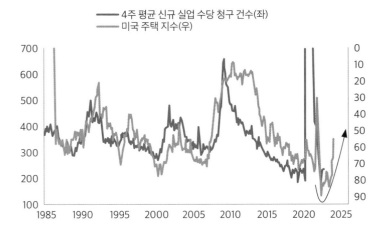

자료: FRED

규 실업 수당 청구 건수이고 아래로 내려갈수록 신청자가 적다는 것을 의미한다. 내려갈수록 고용 시장이 좋아지는 것을 의미한다. 이를 보면, 추세적으로 신규 실업 수당 청구 건수 4주 이동평균이 내려가면, 집값도 좋아진다. 우리는 결국 실업률이 부동산 시장과 연결되어 있다는 것을 눈으로 확인할 수 있다.

FED도 똑같이 이런 차트를 보고 있다. 그리고 지금 자산 가격을 잡기 위해 실업률을 끌어올리려고 정책을 시행한다. 그러면 부동산 가격은 내려갈 수밖에 없지 않겠나. 결국 FED의 정책만 보면, 투자로 복잡해진 머리가 맑아진다. 결국 주식이나 부동산이나 FED가 완화 정책을 할 때 움직여야만 한다는 허무한 결론에 이르게 될지라도 그냥 받아들이는 것이 마음 편할 것이다.

그동안 FED는 인플레이션 기간마다 긴축을 사용했다. 그렇지만 이번에는 혹시 다른 방법이 있지 않을까? 긴축 대신 더 마음 편한 어떤 방법은 없는 것일까? 결론은, 없다. FED는 긴축 말고는 인플레이션을 잡기 위한 다른 수단을 이용한 적이 없고 금리 인상을 포함한 긴축, 그 하나밖에 다른 수단은 없다.

03
향후 시장은 상당 기간 L자형 흐름으로 예상돼

2022년 하반기부터 이어질 역실적 장세에서는 2020년 같은 V자형 지수 반등은 보지 못할 가능성이 크다. 경제 주체들의 부채 증가와 실질 소득 감소 영향으로 향후 2~3년은 소비와 투자가 크게 증가하기 어려울 것이다. 게다가 금리 인상과 QT로 유동성도 점점 말라갈 것이므로 투자 자산들의 폭발적인 가격 상승은 매우 어렵게 되었다.

또, 미국과 중국의 무역 분쟁과 글로벌 공급망 재편 같은 이슈 또한 경제에 부담이 될 것이고, 이것은 인플레이션 압력을 완화하는 데는 큰 방해가 될 것이다. 미·중 무역 분쟁은 기업들의 제조 원가 및 투자 비용의 증가를 수반하는 악재임이 분명하다. 3~5년 이상의 시간으로도 완벽히 해결하기는 어렵다고 생각한다. 이런 상황에서 인플레이션이 빨리 잡히지 않기 때문에 FED가 긴축을 금방 풀 수도 없는 상황이 될 것이다.

생각보다 더 길고 질긴 인플레이션에 대비해야

이런 큰 틀에서 향후 경제는 불확실성이 증가하여 투자와 소비가 줄어들게 되며 기업들의 실적도 크게 성장하기 어렵다. 혹시나 여기에 더해 FED의 정책마저 잘못되면 인플레이션이 꺼진 듯하다가 재차 상승하여 아주 불안정한 인플레이션의 소용돌이 속으로 실물 경제가 빠져들 수도 있다.

인플레이션을 쉽게 보아서는 안 된다. 특히 임금과 임대료가 올라가면서 오는 인플레이션은 아주 강하고 질긴 놈이라, 섣불리 예상하고 대응하다 큰코다칠 가능성이 크다.

아마도 지금 주식에 투자하고 있는 분들은 인플레이션이라는 것도 팬데믹이나 9·11 테러 같은 악재들처럼 위기를 일으켰다가 빠른 시일 내에 증시에서 사라지는 것으로 인식할 수도 있다. 그러나 나는 이번에 찾아올 아주 질기고 긴 인플레이션을 조금 긴 안목으로 대비하라고 말하고 싶다.

하루빨리 큰 부자가 되고 싶은 나머지, 과도한 레버리지leverage를 쓰거나, 듀레이션duration이 아주 긴 주식들을 공격적으로 투자하는 것은 지금 바람직하지 않다. 생존을 위한 매우 보수적인 투자 전략이 필요하다. 가계·기업·정부 모든 경제 주체가 높은 인플레이션과 고금리에 맞서야 하는 상황에서 아무리 능력 있는 투자자라도 터무니없이 실수하기가 쉽고 논리가 꼭 들어맞는 전략들도 이런 구간에서는 효율성이 떨어질 수밖에 없다.

2013년 유동성 확장 정책으로 부동산·주식·채권·가상 화폐까지 모든 것들이 매우 비싸진 상황에서 FED의 긴축은 미리 리스크를 대비한 사람들에게 더 나은 기회를 주겠지만, 인내심이 약한 투자자들은 많은 돈을 잃게 될 것이다.

시장은 망할 것이니 주식 투자를 접고 시장을 떠나야 한다고 주장하는 것이 아니다. 현금 비중을 높이고 빚은 갚은 뒤 들이닥칠 지구전에 대비하라고 말하는 중이다. 오히려 시장이 문을 닫지 않는 한, 꼭 지금이 아니라 해도 주식으로 수익을 내는 더 유리한 구간이 꼭 올 것이라고 생각된다. 그러나 지금은 아니고, 앞으로 1~2년이 매우 중요한 시기가 될 것이라고 말하고 싶다. 어떤 시점을 딱 찍기는 어렵지만, 자산 가격 하락을 대비하고 준비하다 보면 기회가 올 것이라고 본다. 지금은 모든 자산이 너무 비싸다.

04
리세션의 공포 앞에 선
투자자들이 해야 할
3가지

첫째, 깨지지 않으려 애써야 한다

나는 '리세션Recession(경기 침체)'은 단연 기회라고 생각한다. 두려워 어쩌지 못하고 뒷걸음질 칠 대상이라기보다, 엄청난 기회로 만들 수 있고 또 그래야 한다고 말하고 싶다.

그러나 리세션이 오면, 자산을 갖고 있는 모든 사람의 평가 잔고가 내려간다고 해도 과한 표현은 아닐 것이다. 적어도 투자 자산이라고 분류된 것이면 손실을 회피하는 것이 불가능하다고 보는 게 맞을 것이다. 그렇게 위험한데도 정작 투자자들이 리세션을 정확하게 예측하는 것은 사실상 불가능하다. 슬며시 잘 피해 나갈 묘책도 없다. 그런데 필자는 무슨 근거로 기회를 보자고 하는 것일까?

가장 좋은 전략은 무엇일까? 만약에 리세션이 예상되는 상황이면,

무턱대고 조심하면 된다. 투자 자금의 일부를 떼어 은행에 안전하게 넣어 놓으면 된다. 뭔가 복잡한 전략을 기대했을 수도 있는데, 싱거운가?

딱 한 방에 주술사처럼 어떤 결론을 눈앞에 그려 놓을 수는 없다. 그렇지만 조각 난 모자이크를 맞춰가며 원래의 그림을 상상하듯 투자자는 경제 지표와 뉴스가 던져질 때마다 신중하게 그다음이 무엇일지 분석하고 생각한 후 조금이라도 위험하다고 생각되면 무조건 조심하는 수밖에 없다. 미어캣처럼 신호가 이상하면 바로 땅굴로 줄행랑을 치면 된다.

2000년 닷컴 버블이 무너질 때, 2007년 서브프라임 사태가 터질 때, 필자도 주식시장에서 큰 손해를 본 적이 있다. 학교에서 배운 밸류에이션valuation, 포트폴리오 관리, 차트 분석, 분할 매수 등 이론들은 수도 없이 머릿속에 들어차 있었다.

매우 열심히 공부했었다. 그런데 막상 하락이 시작되니 그 이론들은 전부 무용지물이었다. 삼성전자와 같은 대기업이 개장 후 10분도 안 되어 하한가에 처박히는 상황인데, 투자 전략이나 이론을 계산할 시간이나 있었겠나. 미리 돈을 뺀 사람이나, 주식을 하지 않고 있던 사람들만이 승자였을 뿐이다. '시장이 폭등할 때, 돈을 못 버는 경우는 거의 없다. 그것을 실력으로 착각하면 안 된다'는 것을 그때야 머리에 새겼다. 깡통이 된 계좌를 보며, 가장 부러웠던 사람은 은행 계좌에 돈을 넣어둔 사람이었다.

그때 정말 비참한 것은 돈을 잃고 난 다음에 찾아왔다. 준비가 안 되고 몰라서 손해를 본 것은 어쩔 수 없지 않나 하며, 크게 배웠다고 생각하자고 스스로 달래봤다. 그러나 그 뒤에 좋은 종목과 아주 큰 투자 기회를 보고도 아무것도 할 수 없다는 무력감이 투자 손실보다 수십 배 더 아프고 우울한 것이었다. 정말 헤어 나오기 힘들었던 기억이 있다.

그해 말, 종목들 연간 보고서를 받아 보니 어떤 회사는 자기가 보유하고 있는 현금으로 자기 주식을 다 살 정도로 주가가 내려가 있었고 어떤 회사는 배당을 연 16%나 주고 있었다. 또 다른 회사는 분기당 매출 50%, 영업이익 100%에 가깝게 성장하고 있었다. 그동안 공부하고 배웠던 것들, 가치주·배당주·성장주 투자에 아주 좋은 최적의 시기였는데, 정작 내 주머니에는 돈이 한 푼도 없었다.

강세장에서 가졌던, '조금 더 먹어보자', '난 주식 천재다', '주식시장이 아무리 하락해도 나는 수익을 낼 수 있다'는 패기와 용기는 고스란히 내가 짊어져야 할 빚으로 변해 있었다. 강세장에서 조금 더 먹어보겠다고 노력하기보다 그때 위험을 관리하고 기다릴 수만 있었다면 당시 왔던 큰 하락장은 엄청나게 큰 기회였을 것이다.

증시 격언 중 "큰 부자는 하락장에서 나온다"라는 말이 있다. 실제로 필자의 경험으로 비춰보면, 주식 투자에 성공한 사람이 되기 위해서는 "강세장에서 어떻게 하면 큰 수익을 낼 수 있는가?"를 아는 것도 필요하지만, "약세장을 얼마나 효율적으로 관리하고 큰 손해 없이 빠져나올 수 있었는가?"를 배우는 것이 더 중요하다.

증시 고평가 상황에서 시장 붕괴 위험이 있는 구간을 피해, 조금만 리스크를 관리할 줄 알았다면 돈을 잃지 않을 뿐만 아니라, 그다음에 찾아오는 엄청난 기회에 올라탈 수 있었을 텐데, 엄청난 수업료를 내고서 나서야 '리스크 관리'라는 그 짧은 한마디를 배우게 된 것이다. 이후 나는 다시 실패하지 않기 위해 2017년 금리 인상이 시작될 무렵부터, FED에 대한 조사를 해왔다. 리세션에 관한 것은 자다가도 일어나서 줄줄 외고 다닐 정도로 공부했다.

그러한 경험 끝에 내린 결론은, 지금은 위쪽만 보고서 상승만을 위한 전략을 준비할 때는 아니라는 것이다. 리세션이 나타날 수 있다는 것을 부정하고 아니라고 증명하는 데 시간과 노력을 허비하지 말고, 오면 오는 대로 가면 가는 대로 전략을 유연하게 마련하고 여유롭게 대비할 시점이라고 생각된다.

필자의 생각과 비슷한 재미있는 자료가 하나 있어 가져와 봤다. 이를 통해 수치적인 리스크 관리와 투자 수익에 대한 생각들을 정리해보고자 한다. 우선 1930년대부터 2020년까지의 S&P 지수 수익률을 정리한 표를 다음에서 보자.

1930년대부터 2020년까지의 S&P 지수 수익률

기간	주가 수익	10년 중 최고의 10일 제외	10년 중 최악의 10일 제외	10년 중 최고와 최악의 10일 모두 제외
1930	-42%	-79%	39%	-50%
1940	35%	-14%	136%	51%
1950	257%	167%	425%	293%
1960	54%	14%	107%	54%
1970	17%	-20%	59%	8%
1980	227%	108%	572%	328%
1990	316%	186%	526%	330%
2000	-24%	-62%	57%	-21%
2010	190%	95%	351%	203%
2020	46%	-17%	177%	57%
Since 1930	**21,833%**	**58%**	**4,670,630%**	**33,525%**

자료: S&P, Bank of America US equity & Quant strategy

1930년부터 S&P 지수에 장기 투자했다면 218배의 수익을 낼 수 있었다. 그런데 만약에 10년 동안 가장 많이 오른 10일을 제외하면 수익률은 58% 수준으로 떨어진다. 그러니까 1년에 가장 많이 오른 날을 못 먹으면 거의 돈을 벌지 못한다는 것을 의미한다. 그러니 강세장에서 너무 일찍 팔아 버리지 말아야 한다.

다음 열을 보자. 이것은 10년 동안 가장 나쁜 10일의 손실을 보지 않았을 경우를 말하는데, 이런 경우 수익률은 4만 6,706배가 된다. 물론 이 경우에도 불꽃처럼 화려한 최고 상승률을 먹었다는 전제가 깔려 있긴 하지만 참으로 어마어마한 수익률이다. 딱 봐도 많이 먹는 것과 많이 안 깨지는 것 둘 중에 선택하라고 하면, 많이 안 깨지는 것을 선택하는 것이 현명한 일임을 알 수 있다.

만약 위의 두 경우가 비현실적이라고 생각한다면, 두 케이스의 중간을 생각해보자. 그게 아마 더 합리적일 것이다. 위험을 피하려 노력하는 투자자들은 필연적으로 추가 상승의 여지가 있을 때 미리 팔아버리는 실수를 할 가능성이 매우 크기 때문이다. 그에 반해 큰 낙폭이 보일 때 주식을 들고 깨지지 않을 확률은 높을 것이다.

맨 마지막 열을 보면, 10년 중 가장 좋은 10일과 가장 나쁜 10일을 모두 뺐을 경우, 335배의 수익이 나온다는 것을 확인할 수 있다. 그냥 폭락과 폭등 둘 다 빼도, 무턱대고 그냥 들고 있는 것보다는 훨씬 낫다는 얘기가 된다.

그러니 FOMOfear of missing out 나 TINAthere is no alternative 같은 감정에 이끌려 소중한 돈을 불안한 구간에서 확신도 없이 투자할 이유가 전혀 없다는 얘기다. 고점을 못 먹어도 최고 폭락하는 날 얻어터지지 않았다면 더 좋은 선택을 한 것이다. 그다음에 더 좋은 기회의 자리가 남아 있기 때문에 걱정할 이유가 없다. 그냥 상식적으로 생각해봐도 수익을 낼 때는 100% 먹었다고 해도 그 자리에서 50%만 손실 나면 본전이다. 그러니 유리한 자리가 오기 전까지 그냥 모른 척하고 지내는 것도 아주 좋은 전략이다.

매크로가 흔들릴 때는 주식을 풀매수하거나 레버리지로 태워 놓는 일은 절대 하면 안 되고, 만약에 그런 욕심을 버리고 현금을 일정 수준까지 마련할 수 있는 투자자가 있다면, 성공에 매우 가까워졌다고 볼 수 있다.

투자의 거성 워런 버핏이 힘주어 말하는 성공하는 투자 원칙은 무엇인가? "첫 번째 원칙, 절대 원금을 잃지 말라, 두 번째 원칙, 첫 번째 원칙을 철저하게 지켜라"이다. 어쩌면 우리는 약세장을 마주하면서, 시장이 스톱 사인stop sign을 냈는데도 더 빨리 가려고 가속 페달을 밟고 있는지도 모른다.

리세션이 나쁘기만 한가? 준비된 투자자 입장에서 본다면, 반가운 일일 수 있다. "가치보다 싸고 좋은 자산들이 온 천지에 널려 있는 상태"를 리세션이라고 부른다. 부동산도 싸고 주식도 싸고 심지어 금까지 싸진다. 이때를 준비한 투자자는 'Recession(리세션)'이라고 쓰고 'El dorado(엘도라도)'라고 읽게 될 것이다. 레시피는 다 공개되어 있다. 그런데 우리가 못하고 있을 뿐이다. 어쩌면 투자 대가의 성공을 따라 할 최적의 실습 기간이 다가오고 있는지도 모른다.

둘째, 증시 단기 조정과 추세적 하락을 구별할 줄 알아야 한다

그렇다면 여기서 우리는 조금 구체적이고 실질적인 질문을 해야 한다. 시장이 내릴 때 과연 여기서 더 사야 하는 지점인지, 현금을 확보해야 하는 구간인지 어떻게 알 수 있을까?

어떻게 하면, 일상적인 조정과 리세션을 구별하여 투자할 수 있을까? 혹시 너무나도 겁을 집어먹은 나머지 강세장에서 일찍 팔아 버리고 올라가는 중간에 하차해버리는 우를 범하지는 않을까? 그러다가 결국 더 고점에서 FOMOfear of missing out에 시달리다 재진입하여 물려 버리지 않을까? 딱히 한 문장으로 설명할 수는 없지만, 한두 단계의 우회적 논리를 통해 시장의 조정과 추세 하락에 대해 직관적으로 감을 잡을 수는 있다.

먼저 증시가 올라가는 원인을 알아보자. 증시 상승의 요인을 크게 구분해보면, 이익이 증가하거나 배수Multiple가 올라가야 한다. 예를 들어보자. A라는 증시에서 전체 기업들이 100억 원의 이익을 내고 있고 그 증시에 대한 배수가 10배라고 생각해보자. 그러면 A 증시의 시가총액은 1,000억 원이다. 이 시장이 상승하려면, 100억 원 수준인 이익이 증가하든지, 뒤에 곱해지는 배수가 올라가든지, 아니면 둘 다 동시에 올라가든지 해야 한다. 만약 이익이 150억 원이 되면, 150×10=1,500억 원이 될 것이다. 시가총액이 50% 상승한 것이다.

다른 경우, 만약에 중앙은행이 유동성을 추가로 공급하고 거기에 더해 외국인 투자자들이 몰려오면서, 시장에 유입되는 자금이 늘어난다고 가정해보자. 기업 실적은 유동성이 공급된다고 바로 좋아지지 않으니, 이럴 때는 배수가 먼저 상승하게 된다. 유동성이 금융 비용을 낮춰서 실물적으로 이익을 더 내게 하는 것은 고려하지 않고 10배이던 배수만 15배로 상승한다고 생각해보자. 이익 100억 원은 변하지 않는다고 해도 배수만 10배에서 15배로 증가하면 100×15=1,500억 원이 되어 증시는 똑같이 50% 상승하게 된다.

만약 그런 상황에서 FED가 공급한 유동성이 실물 경기를 자극하여 기업들의 실적이 더 좋아진다면 기존 유동성에 따른 배수 상승에 실적 성장까지 더해진다. 두 가지가 한꺼번에 50%씩 상승한다면, 이익 150억 원(50% 증가)×15배(50% 증가)=2,250억 원(시가총액 2.25배 증가)으로 시가총액이 상승한다.

우리가 경험했던 2020년은 바로 이 두 가지 이유가 한꺼번에 등장했기 때문에, 증시가 폭등했던 것이다. 10배 받던 한국 증시가 13배 가까이 배수가 상승했고 기업 예상 이익도 전년 대비 큰 폭으로 증가하면서 폭발적인 지수 상승이 이뤄진 것이다.

그런데 만약 지수가 하락한다면 그 반대로 가는 것이다. 증시를 끌어올렸던 두 가지 큰 변수가 내려가야 증시가 하락하는 것이다. 만약에 상황이 반전되어 중앙은행이 유동성을 회수하면서 시중에 돈이 모자라게 되고, 이에 금리가 오르면 먼저 15배 받던 배수가 10배로 다시 하락할 것이다. 그 이후 소비와 투자가 싼 이자로 누리던 호황을 종료하고 서서히 감소세로 진입한다고 생각해보자. 이에 기업들의 이익 전망치도 점차 불안해질 것이다. 150억 원의 이익이 기대되던 증시가 100억 원밖에 못 낼 것이라는 전망에 힘이 실리면서 적정 시가총액은 1,000억 원으로 다시 하락하게 된다.

'증시가 잠깐 조정을 하고 다시 올라갈 것이냐?' 아니면, '추세적인

하락을 보일 것이냐?'에 대한 질문에 답이 되었기를 바란다. 그냥 유동
성만 빠지는 상황이면 잠시의 조정일 것이다. 그런데 기업 실적에 문제
가 생긴다면 추세 하락이라고 보면 된다.

지금 2022년 하반기 이후 시장을 예상할 때 우리는 위의 간단한
원리를 예측에 이용할 수 있다. 아무리 과열이었던 증시도 유동성만
혼자 빠진다면 20~30% 조정에서 마무리가 된 것이다. 그런데 만약
에 그 뒤에 기업들의 실적 하향이 따라오게 되면 실적 조정에 따른 추
가 조정이 필요해진다. 만약 두 가지가 동시에 모두 하락하는 시장이
라고 하면 비록 반등이 잠깐 나온다 하더라도 더 큰 폭으로 재차 하락
하게 된다. 정말 조심해야 한다.

여기서 한번 잠깐 생각해보자. 이 책을 집필하고 있는 지금 시점
(2022년 8월)은 어떤 상황일까?

30% 이상 조정을 보이던 미국과 한국 시장은 절반 이상을 돌려놓
고 있다. 이에 시장의 참여자들은 '인플레이션은 peak out(고점 확인)
했고, 앞으로 FED의 긴축 일정이 조정되면서, 유동성이 다시 공급되
어 증시가 다시 상승세로 복귀할 것이다'라고 판단하며, 역대 세 번째
단기 상승세에 매수로 동참하는 모습이다.

실적이 문제가 없다고 하면 2022년 6월 말 저점은 유동성 축소에
대한 배수 축소를 완벽하게 진행했기 때문에 반등이 아닌 조정 완료
로 봐야 하고 추세 상승 전환은 거기서 시작되었다고 말할 수 있다. 그
렇게 되면 지수는 향후 신고가를 갱신하고 주가는 더욱 멀리 올라가

게 될 것이다.

그런데 필자는 그 생각이 맞지 않다고 본다. 왜냐하면 유동성 축소와 기업 실적 추정치 하향이 동시에 진행되고 있기 때문에, 반등은 오히려 마지막 탈출 기회라고 생각하고 있다. 향후 실적 전망치가 더 이상 내려갈 곳이 없을 즈음에 주식을 매수해도 크게 늦지 않다.

다음의 그래프는 12개월 이익 추정치 대비 S&P 500의 배수를 그려놓은 것이다. 횡으로 그어진 회색 점선은 그것의 5년 평균, 검은 점선은 10년 평균이다.

최근 6월 말 지수의 저점은 10년 평균을 하회하는 수준이었다. 그

12개월 이익 추정치 대비 S&P 500의 배수

자료: S&P PE, Factset

러니까 유동성이 줄어들기 시작하면서 배수가 23배 이상 받다가 평균
치인 17배 수준으로 먼저 떨어져서 내려오게 된 상황이었다.

만약에 기업 실적을 부러뜨리는 상황이 오지 않는다고 하면 유동
성 회수가 촉발한 배수 조정으로 증시의 가격 조정이 끝났다고 생각
해도 된다. 10년 평균이면 반등의 시작이 아닌 추세 전환의 시작일 수
있다는 얘기다.

그런데 다른 자료를 하나 더 보자. 이 당시 기업 이익 추정치를 그래
프로 나타낸 것이다. 아래의 그래프에서 갈색 선이 2022년 이익 추정
치이다. 2022년 상반기까지만 해도 이익 추정치가 내려가지 않았다.
인플레이션이 크게 올라가고 금리가 올라가고 증시가 역대급 하락으
로 배수가 조정되었지만, 그때까지만 해도 이익 추정치는 높은 지점에

EPS 컨센서스(2022년)

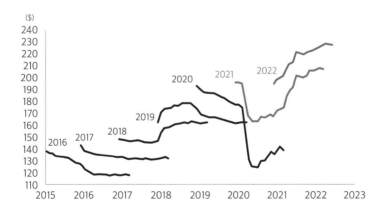

자료: Factset

S&P 500 기업의 2022년 2Q 실적 증가

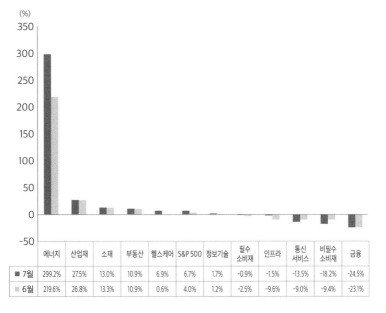

	에너지	산업재	소재	부동산	헬스케어	S&P 500	정보기술	필수 소비재	인프라	통신 서비스	비필수 소비재	금융
■ 7월	299.2%	27.5%	13.0%	10.9%	6.9%	6.7%	1.7%	-0.9%	-1.5%	-13.5%	-18.2%	-24.5%
▨ 6월	219.6%	26.8%	13.3%	10.9%	0.6%	4.0%	1.2%	-2.5%	-9.6%	-9.0%	-9.4%	-23.1%

자료: Earning growth, Factset

서 버티고 있었다.

만약에 리세션이 온다면 저 이익 추정치는 너무 상황에 맞지 않는 낙관적인 추정이 된다. 충분히 더 조정이 되어야 하고, 강아지 꼬리처럼 늘어지는 흐름을 보여야만 한다.

그럼 과연 2022년 2분기 실적이 발표된 지금 상황은 어떨까? 위 그래프는 S&P 500 기업의 2022년 2Q(분기) 발표된 실적 증가를 섹터별로 나눠서 구분한 것이다. 회색 막대는 6월 말 추정치고, 갈색 막대는 7월 말이다.

위의 상황을 보면 2022년 2분기 S&P 500 기업들의 실적이 6.7% 증가한 것으로 나왔다. 6월 말 예상치 4%를 상회하는 상당히 높은 성장률이다. 실적이 안 깨지는 것처럼 보인다. 그렇지만 에너지 기업들의 실적을 제외해보자. 그럼 다른 산업의 이익 성장이 크지 않고, 오히려 마이너스 성장으로 들어간 섹터들도 꽤 많아졌다. 또 이 6.7%라는 이익 성장세는 2020년 4분기 이후 가장 낮은 수치다. 추세적으로 내려가고 있다. 연초 추정치는 15% 성장이었다.

앞으로 2022년 3~4분기로 가면서 3월부터 7월까지 2% 이상을 끌어 올린 기준금리의 영향이 기업 실적에 얼마나 영향을 줄 것인지 확인이 필요하다. 9월부터 본격화되는 QT(양적 긴축)와 시장 예상대로 금리가 50bp 추가로 인상된다면, 결국 기준금리는 바로 3%를 넘어가게 된다. 그런데 기업 실적 추정치가 변하지 않는 것이 합리적인가? 비록 리세션이 오지 않는다고 해도 말이다.

생산·소비 측면에서 경기 사이클이 하강하고 있고 FED는 과열에 들어간 고용 시장을 냉각시켜 인플레이션을 잡기 위한 역대급 긴축 작전을 일사천리로 진행하고 있다. 이번 나온 반등이 과연 반등일까? 아니면 추세 전환일까?

셋째, 유동성 장세와 다른 역실적 장세에 대한
이미지 맵핑이 절실하다

유동성 조정이 끝난 후 기업 실적 추정치가 조정되면 분기 실적에 따라 출렁이는 시장이 연출될 것이다. FED의 긴축이나 매크로 이벤트는 발생 시점에 적정한 지점까지 바로 지수를 끌어내리기 때문에 깔끔하게 한방에 빠진다.

따라서 FED의 기준금리 정책은 금융 시장에 빠르게 반영되지만, 그에 따른 실적 변화는 분기 말에 발표되는 재무제표를 통해 확인이 가능하다. 3개월에 1번씩만 발표되니 투자자들은 3개월간 나침반이 없는 배처럼 움직일 수밖에 없다. 실적이 좋아지든 나빠지든 반영은 분기마다 1번씩 하게 된다는 얘기다.

그래서 실적 장세의 지수 조정은 유동성 장세에 비해 아주 긴 시간이 필요하고 반등과 하락을 여러 차례 반복하게 된다. 지수가 결국 같은 폭으로 하락하더라도 유동성 장세와는 체감이 다를 수밖에 없다.

그래서 투자자들은 반등이 나올 때마다 비중을 더 태우고 돈이 없으면 빚을 내기도 하면서 물린 주식을 사들어 간다. 그런데 만약 그 끝에 리세션이라고 하는 괴물이 버티고 있다고 하면 되돌이킬 수 없는 고통을 겪을 수밖에 없는 것이다.

역실적 장세의 모습을 미리 상상하고 그려가면서 머릿속으로 대응 방법을 고민해봐야 한다. 그 끝에 무엇이 있을지 고민해보지 않으면 하루하루 시장의 시세만 보며 큰 하락에 직면했을 때 대책이 없는 상태가 될 것이다.

05
FED 긴축의 끝은
언제나 리세션

나는 FED가 금리 인상을 하면, 리세션이 올 수밖에 없다고 생각한다. 너무 앞서 나가는 것인가? 타고난 비관론자인가? 그런데 역사적으로 보면 필자의 주장은 이치에서 크게 벗어나지 않는다는 것을 알 수 있을 것이다.

전쟁이나 원자잿값 폭등 등의 이유가 아니라면 리세션은 대부분 FED의 긴축 정책으로 촉발되었다. FED가 긴축을 시작하면 그 끝에는 항상 리세션이 있었다.

인플레이션만 잡히면, 우크라이나 전쟁만 끝나면, 금리 인상이 멈추고 인하로 돌아설 것이고 그러면 지수는 올라간다고 생각할 수 있다. 또 그런 반론이 생길 수 있다. 어렵게 살려 놓은 경제를 죽이면서까지 FED가 강한 긴축을 할까? FED가 적당한 시점에 정책을 변경하면 약세장까지는 가지 않을 수 있지 않을까? 이는 매우 상식적인 반론이다.

그런데 우선 역사적으로 FED가 긴축을 하고 리세션에 들어가지 않은 경우는 1994년, 2018년 두 경우밖에 없었다. 추후에 설명하겠지만 지금과 그때는 매우 다르다.

경기 하강이나 침체보다 더 무서운 엄청난 인플레이션이라는 놈 때문에 FED가 긴축을 강하게 하고 있다는 것을 잊어서는 안 된다. 긴축을 굳이 하지 않아도 인플레이션을 잡지 못하면 소비와 투자가 세금 폭탄을 맞은 것처럼 감소할 것이고, 실제로 실물 경제는 더 큰 침체에 빠지게 될 것이기 때문에 어쩔 수 없이 긴축을 시행하는 것이다.

질문해보고 싶다. 둘 중에서 어떤 것이 더 나쁠까? 긴축으로 하락하는 경우와 인플레이션으로 경기 침체가 와서 증시가 하락하는 경우 둘 중에 어떤 것이 더 나쁠까?

적절한 지점에서 FED가 아주 정교하게 인플레이션만 잡고 리세션까지는 안 갔으면 하는 바람도 있을 것이다. 그러나 결론적으로 말해 FED도 그렇게 하고 싶겠지만 그 정도까지 조절할 수 있는 능력은 없다. 그게 있었으면 지금 이런 인플레이션 상황이 왔겠는가?

우리는 여기서 FED의 금리 인상이 어떤 경로를 거쳐 실물 경제에 영향을 미치게 되는지 한번 따라 가볼 필요가 있다.

금리 인상의 과정과 그 여파, 수익률곡선이 보여주는 것

FED가 기준금리를 조절하면, 시중의 국채와 회사채 금리가 따라 움직이게 된다. 이때 가장 먼저 확인할 수 있는 정보가 바로 수익률곡선Yield curve 안에 있다.

수익률곡선이 무엇인지 처음 들어 보는 독자들도 있을 것이다. 쉽게 말해, 예금을 맡기면, 은행은 예금자에게 1년 3%, 2년 3.5%, 3년 4%… 이런 식으로 이자를 줄 것이다. 만기가 길수록 이자율이 조금씩 높아진다. 불확실성에 대한 대가 때문이다. 같은 사람이 똑같은 금액을 맡긴다고 해도 만기에 따라서 수익률은 달라진다. 이렇게 만기가 길어질수록 수익률이 올라가는 것을 그림으로 그려보면, 체감적으로 우

수익률곡선

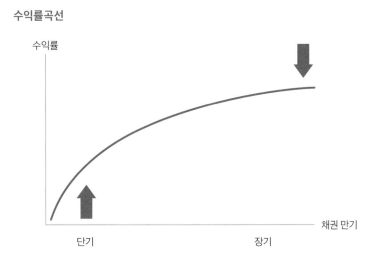

상향하는 차트가 그려진다. 이것을 수익률곡선이라고 부른다.

그런데 FED가 단기 국채 금리를 인상하면 단기 금리는 큰 폭으로 이자율이 올라가고 장기 금리는 그보다 적은 폭으로 올라간다. 그래서 지금처럼 금리 인상이 지속되면 결국에는 단기 금리가 장기 금리보다 더 높아지는 현상이 발생한다.

이것을 가리켜 '수익률곡선 역전yield curve inversion'이라고 부른다. 이것이 나타나면 주식 투자자들은 매우 조심해야 한다. 왜냐하면 FED가 시중으로 들어가는 유동성의 초크 밸브를 조일 때 나타나는 형상이기 때문이다. 금융권에서 유동성이 공급되는 중요한 로직을 틀어막기 시작했을 때 나타나는 증상이 바로 수익률곡선 역전이다.

은행들은 싼 이자인 단기 금리 2년물을 빌려다가 비싼 이자 10년물로 대출을 해주면서 이익을 낸다. 그래서 장기 금리가 단기 금리보다 높을 때는 은행은 더 많은 이윤을 내기 위해 대출을 증가시키고 결국 시중에는 더 많은 유동성이 풀리게 되는 것이다.

그러면 그 돈으로 소비자들은 자동차나 집을 사고 기업들은 그런 소비에 맞춰 더 많은 시설 투자에 나서면서 산업 생산 또한 증가하게 된다. 이런 구조가 이제 성장이라는 형태로 나타나고 그것은 고스란히 기업들의 실적 증가로 이어지는 것이다.

또 한편으로 증시에서는 이자율은 낮고 가진 돈이 풍족하기 때문에 투자자들은 길게 보고 성장주에 투자하는 성향을 보이게 된다. 그래서 유동성이 풍부할 때는 성장주가 크게 오르는 것이다.

그런데 FED가 긴축을 하게 되면, 10년 국채 수익률과 2년 국채 수익률이 역전되고 돈의 흐름에서 역류가 발생한다. 다시 은행으로 돈이 빨려 들어가는 것이다. 은행 시스템은 금리 역전으로 수익성이 악화되기 때문에 대출은 줄이고 예금 금리를 높여 유동성을 빨아들이기 시작한다. 이 국면에서 장·단기 금리의 역전이 심화된다.

아래 그래프를 보자. 만기별로 각기 다른 채권들의 수익률 차이를 그려 놓은 것이다.

FED의 금리 인상과 인하에 따라 수익률곡선이 정배열과 역배열을 주기적으로 반복해온 것을 볼 수 있을 것이다.

만기별 채권 수익률곡선

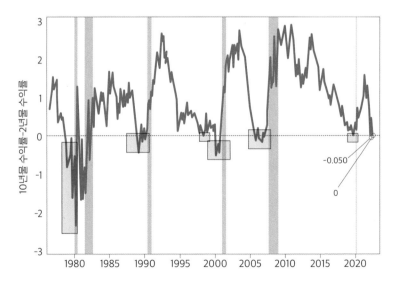

자료: Longview economist

우선 갈색 선으로 표현된 10년과 2년 수익률곡선 갭을 보자. 최근에 10년물에서 2년물 수익률을 뺀 값이 마이너스로 들어서면서 역전 현상이 심해졌다. 중요한 것은 이 수익률곡선이 역전되면 거의 매번 리세션이 찾아왔다는 점이다. 회색 막대기가 리세션 구간이다. 수익률곡선 역전이 일어난 시기와 리세션 발생 시기가 일정 기간 차이가 있지만 그것은 금융 시장 정책과 실물 시장의 반등 사이에 있는 거리일 뿐, 둘 사이에는 분명한 인과관계가 존재한다.

다만 2018년에는 수익률곡선 역전이 나왔어도 당시 트럼프 대통령의 개입으로 긴축을 되돌리면서 리세션으로 귀결되지는 않았다. 다만 그 당시에도 2018년 4분기에 30% 정도의 시장 급락은 발생했었다. 아마 FED가 지속적으로 긴축을 했다고 하면 더 높은 금리 상태에서 리세션에 진입했을 것이라고 생각한다.

금리 인하가 결코 좋은 신호가 아닌 이유

그런데 정말 중요한 것을 차트에서 확인해야 한다. 수익률곡선의 역전 현상이 나오다가 다시 정상화되기 시작하면서 증시는 어땠나? 다음 그래프에서 옅은 갈색의 수익률곡선 갭이 마이너스에서 플러스에 들어가는 구간을 보자. 금리를 인하하기 시작하니 갭이 플러스로 전환하면서 차트가 올라가는 것이다. 그런데 마이너스에 들어갔던 갭이

수익률곡선과 S&P 지수

자료: Real investment advice

플러스로 바뀌면서 외려 지수는 폭락하기 시작한다. 그전까지의 하락 조정이 귀여울 정도다. 결국 금리를 인상하다가 인하로 바뀌는 순간 지수는 폭락한다는 것이다. 그러면 우리가 지금 FED가 피벗을 하고 금리 인하로 돌아서는 것이 주식시장에 좋을 것이라고 보는 것은 옳은 생각인가?

그러니까 1차로 유동성 하락에 따른 배수 조정이 있고, 그 이후 수익률곡선 역전이 나온 후 경기가 안 좋아지는 국면에서 실적 조정으로 지수는 크게 상승하지 못하다가 금리 인하로 들어가면서 아주 크게 하락하게 된다는 것이다. 금리 인하는 결코 좋은 신호가 아니다.

왜 이런 일이 발생할까? 이유는 간단하다. 수익률곡선이 역전되는 것은 유동성을 옥죄면 증시에서 자금이 1차적으로 빠져나가고, 1차적인 고평가 국면이 해소되기 시작한다. 그런데 FED가 지속적으로 금리를 올리고 긴축을 지속하다 보면, 결국 실물 경제가 타격을 2차로 받게 된다. 그렇게 되면서 경기는 하강하게 되고 FED는 그것을 보고 일정 시점에 도달하면 긴축 정책을 멈추게 된다.

이후 경기가 나빠지기 시작하면 FED는 다시 유동성을 풀어 완화 정책으로 돌아서게 된다. 시장은 이것을 유동성 증가로 환호하기보다는 FED가 경기가 침체로 들어섰다는 신호를 준 것으로 생각하고 주식을 내다 팔아버리게 된다.

'얼마나 경제가 어려우면, FED가 금리 인하 및 완화 정책을 할까?'라는 생각을 하게 되고, 위험 자산을 다 처분하는 것이다. 안전한 채권으로 수요가 몰려서 채권 금리는 내려가고 주가지수나 부동산도 급락하게 된다. 그러면서 수익률곡선은 예전처럼 정상화되기 시작하는 것이다.

실물 경제에 대한 데이터가 가장 많은 FED가 경제가 부러질 것을 먼저 감지하고 그것을 시장에 확언해주는 것으로 받아들여 매도가 나오면 이때 바로 역실적 장세의 매도 클라이막스가 만들어지는 것이다. 만약에 내가 장기 투자자이고 지수에 투자하는 스타일이라고 하면 이때 분할 매수에 들어가려 할 것이다.

지금 시장 상황을 살펴보자. 인플레이션 수준에서는 과거 1999년과는 차이가 있지만 증시가 비싸고 경기 사이클이 하강하는 초입에 있다는 점에서 닷컴 버블과 매우 유사하다고 생각한다.

2000년에도 FED가 긴축을 하기 전 이미 주식시장이 약세를 보이기 시작했고 FED의 긴축이 시작된 이후 실물 경제와 신경제의 성장주 버블이 터지기 시작하면서 본격적인 역금융 장세와 역실적 장세의 흐름을 순차적으로 보여주었다.

2000년도부터 2002년까지 나스닥 차트를 보면, 하락 기간 중 20~30% 이상 반등하는 흐름이 7번이나 목격된다. 반등과 더 깊은 하락은 전형적인 역실적 장세에 나타나는 흐름이다. 결국 1999년 닷컴 버블은 2003년까지 긴 하락 추세에서 여러 번 반등을 거치고 최종

2000~2003년 나스닥지수

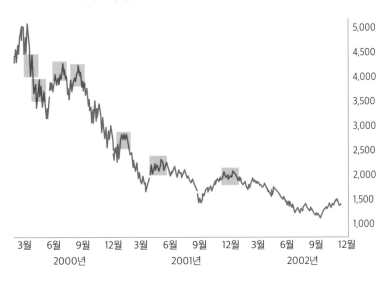

자료: Bloomberg

더 위험한 미래가 온다

적으로는 하락으로 마무리한다.

여기서 우리는 확인할 수 있다. 역실적 장세 속 하락은 미끄럼틀처럼 매끄럽게 떨어지지 않다는 것을. 최초의 과매수 국면이 해소되고 나면 늘 떨어진 것의 30~60%까지 돌려놓았다가 다시 떨어지는 흐름을 하락 추세에서 여러 번 보게 된다. 그래서 투자자들은 속기 쉽다. 잠깐의 반등장에서 손실을 조금이라도 만회해보려 진입했다가 긴 하락 추세를 버텨야 하는 큰 실수를 하게 된다. 필자는 이번 하락이 2000년 닷컴 버블 붕괴와 매우 유사하다고 본다. 더 하면 더 했지, 덜 하지는 않을 것이라고 생각한다.

그럼 우리는 이 하락장의 초입에서 어떤 전략을 세울 수 있을까? 하락 초기부터 분할해서 2년 동안 하락하는 시장에서 매수를 해나가는 전략이 좋을까? 아니면 반등 초기에 현금을 마련하고 안전한 곳에 현금을 대피시켜 놓고 있다가 지수가 과매도권으로 진입할 때 꺼내서 주식을 사는 것이 좋을까? 판단은 투자자의 몫이다.

그러나 한 가지만 기억하면 된다. FED는 지금 리세션으로 가는 작전 계획을 차분히 진행하고 있으며 잘못 하면 투자자들이 큰 상처를 입을 수도 있다는 것을.

06
리세션이 통과하고 나면
어떤 징후들이 보이는가?

리세션이 오면 돈은 안전한 곳으로 몰려간다. 혹자는 그래서 가장 안전한 금이나 비트코인이 인플레이션과 긴축 시대에 가장 좋은 대안이라고 말하기도 한다. 그런데 필자의 경험으로는 금은 안전한 투자처가 아니다. 왜냐면 상황이 급하면 금부터 팔아서 쓰기 때문이다. 그래서 가격이 올라가지 않고 오히려 떨어지기 쉽다.

이런 상식적인 수준 말고 뭔가 데이터상으로 깔끔하게 판단 기준이 될 수 있는 좋은 투자 지표가 없을까? 일단 시장에 리세션이 와서 증시가 하락하면 그 기간은 얼마나 걸리고 어느 수준까지 빠지게 될까? 아래의 자료를 보자.

리세션은 평균 4분기 정도 소요된다. 주가 하락이 길었던 2000년도에도 리세션은 그렇게 길지 않았다. 주가가 비싸서 하락한 것을 제외하면 실제 금리 인상으로 촉발된 실물 시장의 리세션 기간은 3분기

리세션 기간에 따른 영향

연도	리세션 지속 기간 (분기)	고점에서 저점으로 하락		
		S&P 500 LTM EPS 증가율	금융, 유틸리티 등	
			매출 성장	마진 변동
1970	4	(8)%	5%	(83)bp
1974	5	(13)	7	(110)
1980	2	(3)	6	(51)
1981	5	(13)	(2)	(71)
1990	2	(20)	9	(174)
2001	3	(23)	(7)	(177)
2008	6	(45)	(2)	(153)
2020	2	(14)	(3)	(99)
평균	4	(14)%	2%	(105)bp
2023년 경기 침체 시나리오	4	(11)	(0)	(126)
2023년 기준	0	6	4	3

자료: Goldman sachs

정도였다. 역사적으로 보면 보통 기간은 평균 4분기이다. 그러니까 평균적으로 1년을 넘기지는 않는다는 것이다.

그렇다면 이익도 내려가고 배수도 내려갈 텐데, 어느 수준까지 내려갈까? 다음 그래프를 보면 리세션 기간 동안 배수가 평균적으로 11.7배 수준까지 내려간 것을 알 수 있다. 그러니까 리세션 판정이 난 후 애널리스트들의 12개월 이익 추정치가 100조 원이라고 했을 때, 시가총액이 1,200조 원 수준까지 내려오면, 평균적으로는 바닥에 근접했다고 볼 수 있다는 것이다.

경기 침체 시 평균 배수

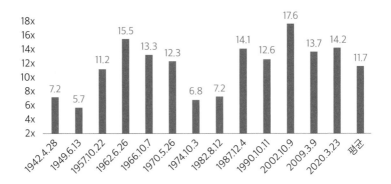

그리고 이익은 리세션의 강도에 따라 다르지만, 중간값을 잡아 보면 고점 대비 20% 수준의 감소가 나오게 된다. 과거에 그랬기 때문에 앞으로도 그럴 것이라는 보장은 어디에도 없다. 그리고 그렇게 말하고 있는 것도 아니다. 그러나 어느 정도 시점에서 분할해서 매수로 접근해야 할지 감을 잡는 데는 분명히 도움이 될 것이다.

이익과 배수가 역사적으로 낮은 구간에 투자를 시작해서 망할 가능성은 거의 없어 보인다. 이러한 데이터들이 보이면 리세션 초기에 은행에 넣어 놓았던 예금을 찾아 주식을 사면 된다.

07
리세션이 온 후 언제 주식을 매수해야 할까?

　FED가 유동성을 옥죄면 돈이 필요해진 사람들은 처음에는 예금·적금 등의 저축을 사용하고, 그다음은 신용카드 등의 소비자 금융을 이용하여 소비를 지속한다. 그러다가 결국은 자산들을 처분하기 시작하고 마지막에 가서야 기존 소비를 대폭 줄이게 된다. 언뜻 생각하면 돈이 없으니 소비부터 줄일 것 같지만 실상은 그렇지 않다. 내일이 없는 것처럼 더 쓸 수 없는 상황까지 쓰다가 돈줄이 막혀야 소비를 그만둔다는 것을 많은 데이터가 보여준다.

　다음 그래프를 보면, 옅은 갈색 점선은 미국 투자자들의 주식 비중이고, 짙은 갈색 실선은 미시간대 소비자 심리 지표다.

　이 지표를 해석하면 앞으로 쓸 돈은 별로 없지만, 주식에 투자해놓은 돈은 꺼내서 쓰고 있지 않다는 것이다. 앞으로 올라갈 것이니까 지금은 기다리는 것이 낫겠다고 생각하는 중인 것 같다. 우리는 반대로

미국 투자자들의 주식 비중과 소비 심리 지표

자료: Bloomberg

저 주체들이 주식을 팔아서 전체 주식 비중이 충분히 낮아진 상태에서 주식을 사면 된다. 향후 소비 심리가 개선되는 흐름이 나오면, 그것은 더 좋은 신호이다. 그때 주식을 산다면, 후회는 없을 것이다.

다음에서 다른 차트를 보자. 짙은 갈색은 실업률을 나타낸 그래프이고, 옅은 갈색은 채권 수익률 대비 주식 수익률이다. 짙은 갈색이 내려간다는 것은 실업률이 올라간다는 것이고, 옅은 갈색이 올라가는 것은 주식이 많이 오르는 경우를 나타낸다.

여기서 우리는 또 한 가지 투자 포인트를 잡아낼 수 있다. 단기 실업

실업률과 채권 대비 주식 수익률

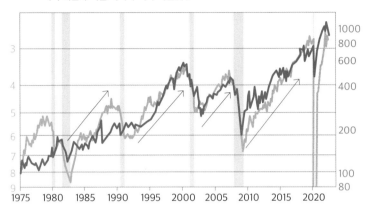

자료: <월스트리트저널>

률(27주 미만)이 급증해서 일정 수준 이상으로 급등하면 그때가 증시에 투자하기에 아주 좋은 포인트가 된다는 것이다.

매크로의 투자 포인트는 3~5년을 주기로 움직인다. 큰 추세를 읽어 가다 보면 돈을 벌기 위해 무엇인가 매일 많은 정보가 필요하지는 않다. 대신 확률이 높고 확신에 도움을 줄 수 있는 확률적 유의성에 대한 큰 분석이 필요하다. 지금 보는 자료들이 개인 투자자들에게는 매우 유익한 자료가 될 것이다. 특히 장기 투자자들에게는 더욱 유익할 것이다.

하락이 꼭 나쁘기만 한 것인가? 종합 지수가 계속 오르기만 해야 돈을 벌 수 있을까? 아니다. 하락장 이후 큰 상승이 잉태되고, 급등 이후 조정이 와야 피곤한 투자자들이 조금 쉬며 다음 상승장을 준비할 수가 있다.

지금까지의 얘기를 종합해보면 결국 주식은 FED의 손아귀에 달려 있다는 허무한 결론이 나와 실망할지도 모른다. 그러나 투자자들은 성공적인 투자를 하기 위해 FED가 움직이는 증권 시장의 호흡과 매우 규칙적인 영혼의 박동을 느껴야만 한다. 밀물인지 썰물인지도 파악하지 못한 어부가 배를 띄울 수 있겠는가. 지금은 들이마셔야 하는 숨일까? 내뱉어야 하는 숨일까? 그 방향이 파악될 때까지 조심하는 것이 좋지 않겠는가?

08
그렇다면 어떤 주식을
사야 할까?

필자는 기본적으로 매크로를 통해 진입할 시장을 먼저 결정해야 한다고 생각한다. 부동산, 채권, 주식 등 투자 대상을 먼저 결정한다. 만약에 주식으로 간다고 하면 그중에서도 어떤 시장을 살지 또 결정해야 한다.

미국, 유럽, 중국, 한국 등의 지역을 결정하고 그중에서도 성장주나 가치주 등으로 나누고 또 대형주, 중소형주 등으로 나눠서 투자를 결정해야 한다.

미국과 신흥국의 주식시장 상승률 추이 차트로 예를 들어보자. 이것을 보면 큰 흐름이 발견되지 않는가? 차트가 내려가면 미국 시장이 강하고 차트가 올라가면 신흥국이 강하다는 것이 드러난다. 지금은 역대급으로 미국이 비싸고 신흥국이 싸다. 그러니 지금 많은 투자자가 한국은 쓸모없고 대안은 미국밖에 없다고 하는 말이 어쩌면 조만간

미국과 신흥국 시장 수익률 비교
(S&P 500 대비 MSCI 신흥국 지수)

시기	신흥국 수익률	S&P 500 수익률	차이
1988.12~1994.9	599%	133%	466%
1994.10~199.1	-44%	202%	-246%
1999.2~2010.9	392%	10%	382%
2010.10~2022.7	28%	357%	-329%

자료: compound

바뀔 수도 있다. 역사적으로도 신흥국이 더 좋았던 구간이 꽤 길었다.

다음에서 또 다른 차트를 한번 보자. 환율과 코스피의 관계를 그려 놓은 그래프이다. 옅은 색은 왼쪽 축, 환율이 올라가는 것을 나타낸다. 짙은 색은 오른쪽 축으로 종합주가지수이다. 아주 심플하다. 한국 증시는 환율이 올라가면 내리게 되어 있다.

종합해보면, '전 세계 자금의 대부분을 차지하는 미국의 돈이 글로벌 시장의 어디로 몰려가느냐?'에 따라 큰 판이 결정난다는 것이다. 미

달러원 환율과 코스피 지수 관계

자료: Bloomberg

국으로 가면 미국 달러가 강세가 되고 신흥국으로 돈이 가면 거기가 들어 올려지는 것이다. 우리는 먼저 이 큰 흐름부터 눈치채야 한다. 판세를 잘 읽어낸 후 투자를 진행해야 한다.

만약 한국에 투자하려는 결정을 내렸다면 제조업 국가인 한국은 어쩔 수 없이 물건을 해외에 팔아서 돈을 버는 구조이기 때문에 그 물건을 사줄 나라들의 경기가 가장 중요하다. 그것을 짐작할 수 있는 가장 좋은 지표가 역설적으로 한국의 환율이다. 한국이 돈을 잘 벌고 있으며 한국 물건이 잘 팔린다는 것에 대한 증거가 환율이기 때문이다.

한국에 달러가 많으니 달러값이 내려가는 것이다. 그래서 환율이 내려가기 시작할 때는 용기를 내서 한국 시장을 사는 것이 맞다. 그때

ISM 제조업 지표 중 신규 주문

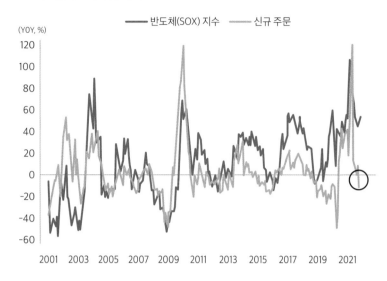

(YOY, %)

반도체(SOX) 지수 ━━━ 신규 주문

자료: ISM, SOX, BofA

가 되면 피곤하게 잠 못 자면서 미국 주식을 할 필요 없이 그냥 한국 시장을 길게 보고 장기 투자해도 충분히 수익을 낼 수가 있다.

조금 더 구체적으로 얘기를 풀기 위해 위 그림을 보자.

ISM 제조업 지표는 우리나라의 주력 수출 품목인 반도체와도 매우 밀접한 관련이 있다. ISM 제조업 지표의 신규 주문이 하락하니 미국 필라델피아 반도체 지수도 하락세를 보이고 있다. 우리나라 반도체가 메모리 위주이기 때문에 필라델피아 반도체 지수와 100% 일치한다고 보기는 어렵지만, 반도체 업황 자체는 ISM 제조업 지표와 매우 밀접한 관련이 있다.

미국에 투자하든 한국에 투자하든, ISM 제조업 지표가 하락 추세를 보일 때는 반도체 업종은 투자하지 않는 것이 훨씬 좋은 선택이다. 그리고 저 지표가 돌아서 나갈 때, 반도체 업종에 투자해보면 좋은 결과가 나올 수 있다.

위의 예시들을 요약해본다면, 매크로 환경을 먼저 파악한 뒤 주식을 할 때인지? 아니면 쉴 때인지? 적극적으로 더 살 때인지? 아니면 리스크 관리를 철저하게 할 때인지를 먼저 파악하고 투자를 결정해야 한다. 만약에 투자를 해야겠다고 결정했다면 어떤 시장을 선택할 것인지 먼저 고민한 후 가장 합리적인 시장에 들어가야 한다. 그리고 매크로의 뒷바람을 받는 업종을 선택해야만 성공할 수 있음을 잊지 말자.

좋은 종목을 찾는 것은 그다음의 문제다. 필자는 매년 성장이 50%씩 나오고 배수도 비싸지 않은 주식에 3년 이상 물려 있어본 적이 있다. 좋은 주식이라 결국에는 올랐지만 매크로와 업황을 조금 더 면밀하게 관찰하고 종목을 선택했다면 그보다는 덜 고생했을 것이다.

매크로가 뒷받침되는 상황에서는 투자자들이 조금 쉽게 수익을 낼 것이라고 확신한다. 투자자들이 비합리적 경제 환경 속에서 투기적인 배팅만을 고집하지 말고 소중한 자산들을 긴 안목으로 멀리 보며 차분히 불려나갈 수 있기를 바란다.

5장

한문도

현재 연세대학교 정경대학원 금융·부동산학과 겸임교수이자 서울디지털대
학교 부동산학과 초빙교수로 활동하고 있다. 한국부동산산업학회 상임이
사이며 2000년부터 2015년까지 임대주택연구소를 운영하였고 제8대 한
국부동산학박사회 회장, (사)한국부동산경제협회 회장, 한국주택신문 전문
가협회회장, 국제부동산정책학회 사무총장 등을 역임하였다. 고려대학교
원예학과를 졸업하고 성균관대학교 경영학 석사를 거쳐 부동산학 박사를
취득하였다. 저서로는 《2005년 부동산 시장 전망》(공저), 《임대주택사업 바
이블》 등이 있다.

앞으로 3년,
버블의 경고 속
한국 부동산의
현황과 미래

결론적으로 향후 몇 년간은 부동산 시장에 큰 조정장이 올 것이 확실한 상황으로 보인다. 정부의 현재 공급 계획이 지연되지 않는 한 시장은 약 30% 전후의 가격 조정이 있을 것으로 예측된다. 무주택자, 유주택자, 다주택자 모두 자산 관리에 심혈을 기울여야 하는 시기다.

more
dangerous
future

01

부동산 시장 현황 분석:
혼돈 속 폭등, 그 이후

최근 부동산 시장의 하락이 본격적으로 시작되고 있다. 대내외 경제 여건을 볼 때 향후 최소 3년간은 부동산 시장의 본격적 조정이 진행될 것으로 보인다. 현재 시장과 향후 시장에 대한 정확하고 합리적인 예측이 필요한 때이다.

2014년부터 시작된 부동산 상승이 2021년까지 무려 8년간 지속되었다. 특히 2020년은 '영끌 붐'이 번졌으며 임대차 3법 시행으로 혼돈 속 폭등이 일어난 한 해였다. 2022년 상반기에 들어서면서 서울과 수도권은 물론이고 인천을 포함한 6대 광역시의 주택 가격 조정이 시작되고 있다. 8월 이후부터는 폭락의 신호들이 국지적으로 나타나기 시작하였다.

향후 시장은 어떻게 변화할 것인가? 현재 시장의 변화를 분석하고 판단하고 예측하기 위해서는 과거 시장의 역사를 반추하고 이어서 여러 가지 경제와 부동산 현상과 시장 지표, 그리고 시장 신호들을 종합적으로 반영해야 한다. 협의적 관점에서 부동산 시장의 주택 거래량과 매매 가격 변동률을 살펴보는 것이 우선적이다. 물론 현대 경제활동과 시스템은 수요·공급 이론만으로 완전하게 설명할 수 없다. 헤지펀드, 독점적 지위의 경제 변수, 금융 자본의 카르텔화, 국가 간 이념 분쟁으로 인한 비정상적인 경제 상황 돌출 등 예상치 못한 외생 변수들이 너무 많이 존재하기 때문에 종합적 분석을 해야만 정확한 중장기 시장 상황을 예측할 수 있다.

경제의 기본 원칙인 수요·공급 법칙에 따라 시장을 파악하고 정부 정책, 경제 성장률 추이, 소득 분배 상황, 가계 부채 추이 등과 함께 각종 경제 지표와 부동산 지표, 금리 추이 등을 모두 살펴야 한다. 또한 세계 경제가 글로벌화되어 국내 요인은 물론, 해외 경제 변수도 중요하다. 즉 해외 경제 상황에 따라 연쇄적으로 반응하는 환율, 유가, 금리의 변동과 함께 글로벌 금융 시스템의 변화를 분석해야 시장을 중장기적 관점에서 정확히 파악할 수 있다.

앞서 열거한 요인들이 시장에 반영되면 부동산 시장에서는 기본적인 신호 지표들이 변화를 나타낸다. 물론 선행적으로 분석하고 시장 변화를 예측할 수도 있다.

먼저 현재 국내 부동산 시장 상황을 파악하고 이와 함께 확장적인 지표들을 하나씩 분석하고 살펴보면 향후 시장 방향을 예측할 수 있을 것이다. 먼저 현재 시장 상황을 파악하기 위해 가격 변동률 추이, 주

택 거래량 추이, 매물량 추이, 아파트 가격 동향, 전세 가격 동향, 미분
양 동향 등 관련 지표들을 살펴보자.

전국 주택 거래량 추이

정식 통계가 집계된 2006년 이후부터 현재까지의 전국 주택 거래
량 추이를 살펴보자. 2020년 이른바 '영끌'과 함께 부동산 급등이 시
작되었다. 그해 7월에 임대차 3법 중 전세 계약 갱신제와 임대료 5%
상한제가 시행되면서 촉발된 시장 불안이 주택 가격 폭등으로 나타났

전국 주택 거래량 연도별 추이

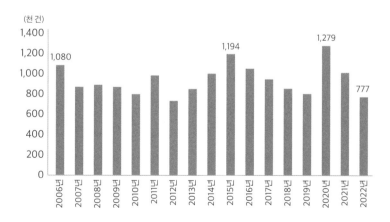

주: 2022년 현재 거래량 추이를 반영한 예상 거래량
자료: 국토교통부

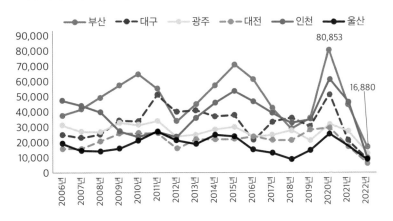

6대 광역시 아파트 주택 거래량 추이

주: 2022년 7월 말 기준 전국 주택 매매 가격 변동률 추이
자료: 국토교통부, 한국부동산원

고, 서울 아파트가 역대 최대 월간 거래량(월 1만 5,000건)을 기록했다. 또한 전국 주택 거래량이 127만 9,000건을 기록하며 신주택 거래 통계 집계 이후 최고 거래량을 기록하였다. 이후 2021년 하반기부터 시장의 변화가 나타나기 시작하였고 2022년에 들어서면서부터 가격 급등에 따른 주택 구입 부담이 가중되어 거래량이 감소하기 시작하였다. 이즈음부터 주택 가격 상승률이 둔화되기 시작하더니 6개월 만에 서울·수도권은 물론 전국 부동산 시장이 하락으로 급전환되었다.

2021년 전국 주택 매매 거래량은 101만 5,171건으로 집계되었다(국토교통부 실거래가 자료). 2020년 127만 9,305건 대비 20.6% 감소한 수치다. 서울 주택 거래량은 12만 6,834건으로 전년 대비 28.6% 줄어 전국보다 더 감소하였고, 수도권 거래량도 25.4% 감소했다. 지방은

53만 5,944건으로 전년 대비 15.8% 감소하였다.

유형별로는 아파트가 66만 9,182건으로, 전년 대비 28.4% 감소하였다. 반면 아파트 외 주택 거래량은 34만 5,989건으로 전년 대비 0.2% 증가하였다. 결론적으로 거래량이 30% 가까이 감소한 것이다. 부동산이란 자산의 비탄력성으로 인해 거래량 감소가 가격 하락으로 나타나는 데 일정 정도의 기간이 지연된다는 사실을 고려하면 2022년 8월 이후 전국 대부분 지역의 가격 하락은 예정된 수순으로 보인다.

2022년에 들어서자 가격 상승세가 둔화되거나 하락함과 동시에 급격하게 전국적으로 거래량이 감소하기 시작하였다. 상반기 거래량 추세를 볼 때 2022년 주택 매매 거래량은 특별한 외생 변수가 없는

전국 주택 매매 가격 변동률 추이

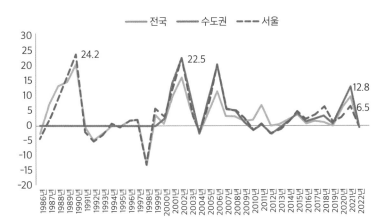

한 2006년 통계 작성 이후 18년 만에 역대 최저가 될 것이 확실하다.

주택 가격 변동률 추이는 시장의 흐름을 예측하는 데 도움을 준다. 상승과 하락이 주기적으로 형성되어 있고 주택 공급이 집중된 후의 시장 흐름과 주택 공급이 부족한 시기의 상승 폭이 다른 것을 알 수 있다. 즉 신도시 등을 통한 대량 주택 공급 정책이 시행되면 입주 시기부터 시장이 확연한 약세를 보인다는 것을 알 수 있다. 3기 신도시와 공공 택지 공급 계획과 일정이 향후 주택 시장에 하방 압력을 주는 큰 요인으로 작용할 것을 예측할 수 있다.

현재 시장은 주택 재고량 대비 주택 거래량의 비율이 점점 감소하는 추세를 나타낸다. 이는 곧 유효 수요의 감소가 진행되는 것으로 파악할 수 있다. 특히 최근 거래량 감소 속도가 상당이 가파르게 이어지고 있어 향후 시장이 장기적으로 약세를 보일 가능성이 커지고 있다.

주택 거래량과 재고 주택 수

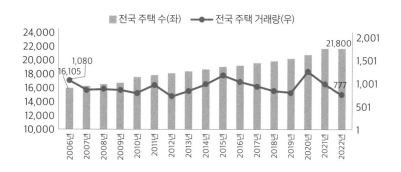

자료 국토교통부 자료 통합 작성'

미국 금리 인상과 한국의 금리 인상이 겹치면서 대출 이자 부담에 따른 수요 감소는 필연적이다. 이러한 수요 감소는 현재 경제 침체기와 맞물려 악성적인 경제 순환 사이클을 형성할 가능성도 존재한다.

미국, 한국 모두 2022년까지 기준금리 3%를 목표로 잡고 있고 연말에 3~3.25%가 확정될 경우 2023년부터 부동산 주택 시장은 본격적인 하락으로 진입할 것으로 예측된다. 2022년 8월 29일 파월 미 연준 의장의 잭슨홀 미팅에서의 발언을 참고하면, 미국 물가가 진정되지 않는다면 기준금리가 4%가 될 가능성도 있다. 따라서 부동산 시장 하방 압력은 거세질 수 있다. 특히 경기도 수원·김포 등과 인천, 대구는 이미 2022년 4월경부터 국지적 차별적으로 큰 폭의 가격 하락이 나타나고 있으며 향후 더 심각한 하락과 폭락 수준의 시장 변화가 일어날 가능성이 크다. 그리고 향후 2년간 과잉 공급 수준의 입주 물량이 쏟아질 예정이기 때문에 하락 전망이 더 짙어진다.

신도시를 포함한 신규 사전 청약과 분양 물량이 증가하고 여기에 입주 공급 물량과 현재 재고 매매 물량이 가세하면서 큰 폭의 하락이 일어날 가능성이 크다. 이는 인근 지역에 큰 하방 압력을 주면서 수도권 전역으로 확산될 가능성이 크다.

현재 서울·수도권을 비롯한 전국의 아파트 매도 물량이 엄청나게 증가하고 있다. 입주 물량이 많은 지역은 이 재고 매매 물량과 함께 공급 과잉 상태를 형성하여 시장은 급변하기 시작하고 2023년에는 큰 폭의 조정장이 진행될 것으로 보인다.

서울·경기 아파트 거래량과 매물 현황

　서울 아파트 거래량은 영끌 심리가 최고조이던 2020년 6월과 7월을 정점으로 현재까지 급격한 하락을 보이고 있다. 대선 이슈와 재건축·재개발 호재는 반짝 반등에 그쳤고 시장은 하향 일변도로 추세를 이어가고 있다.

　서울 아파트 거래량은 2022년 2월 819건 거래로 2006년 신통계 작성 이후 역대 최저치를 기록하였다. 7월에는 다시 역대 최저치를 경신할 것으로 보인다. 더욱 주목할 것은 거래 절벽 상황이 이어지는 가운데 아파트 매물이 과다할 정도로 급증하고 있다는 사실이다.

서울·경기 아파트 거래량

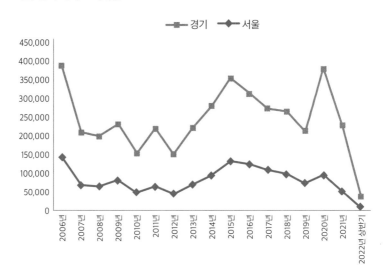

서울 아파트 거래량과 매물 추이

서울 아파트의 재고량과 거래 감소와의 격차는 더 심각한 양상을 보이고 있다. 서울 아파트 매물은 2020년 8월 허위 매물 신고제 이후 계속 증가하여 매매 물건은 3만 5,000여 건이고, 전·월세 물건은 각각 7,000여 건이었다. 이후 매물 증가 추세가 이어지면서 2022년 8월 기준으로 매매 6만여 건, 전세 3만 3,000여 건, 월세 2만 건의 매물이 나와 있다.

이러한 매물 증가의 원인은 일시적 1가구 2주택자의 양도세 비과세 대상 물건과 무자본 갭 투자자 그리고 영끌을 무리하게 한 1주택자의 매물로 요약된다. 여기에 임대 사업자 의무 기한 만료와 자진 말소에 따른 매물까지 가세하여 현재 매물 급증 현상을 형성하고 있다.

일시적 1가구 2주택자의 경우 이번 정부가 규제 지역에 대하여 처분 기한을 6개월에서 2년으로 연장하였으나 향후 시장의 흐름을 볼 때 지금이 매도 적기이다. 향후 주택 가격 상승을 믿는다면 현재 많은 매물이 나오지 않았을 것이다. 신규 주택 매입 후 2년 내 매도가 안 되면 보유세 부담이 커지며 양도세 중과 유예가 종료되어 양도세가 중과된다. 매도 시기를 놓치면 주택 가격 하락과 양도세 중과, 보유세 부담 증가를 안게 되므로 현 시점에서 적정 수익이 발생한 상태라면 시세 대비 낮은 가격으로 매도하는 것이 향후 경제 상황을 고려한다면 유리할 수도 있다.

2018년 3월까지 등록한 4년 단기 임대 사업자들은 종부세 합산 배제와 양도세 중과 배제 혜택을 받았고, 이로 인해 많은 물건이 등록되었다. 그리고 2018년 12월까지 등록한 임대 사업자들은 한시적으로 양도세 100% 감면 조항을 적용받았다. 그래서 많은 물건이 등록되었다. 8년 임대의 경우 임대 사업자 의무 기간이 반 이상 경과 시 자진 말소 조항을 활용하여 매도할 수 있게 하였다.

이러한 4년 단기 임대 사업자와 8년 자진 말소 임대 사업자 매물들이 2022년부터 본격적으로 나오게 된다. 이런 매물은 서울에만 13만 호 이상이다. 2023년에는 4만여 호의 매물이 예상된다. 2022년부터 총 3년 동안 20여만 호의 주택 매물이 임대 사업자들로부터 쏟아질 수 있다. 물론 8년 임대 사업자들이 자진 말소를 하지 않고 4년을 더 임대할 경우 2026년부터 2028년 사이에 매물이 나올 수도 있다. 평균 개념으로 계산하면 7년 동안 평균 3만 호의 임대 사업자 매물이 시장에 나온다고 보면 된다. 매물 전환 시 1년 내 매도해야 하는 부담이 있어 이러한 매물들이 급매로 시장에 하방 압력을 가중시킬 것이다. 그럼에도 매수자들은 시장을 외면하고 있기 때문에 앞으로 당분간 매도자에게는 어려운 시장이, 매수자에게는 주택 구입 부담이 감소되는 시장이 형성될 것이다.

전국 아파트 시장 매매 가격 동향

2022년부터 전국적으로 매물 증가와 거래량 감소가 이어지면서 아파트 가격이 전국 모든 지역에서 하락으로 완전하게 돌입했다. 8월 말부터는 풍선효과 갭 투자로 강세를 보이던 강원과 전북마저 하락으로 전환되었다.

서울 아파트 시장도 2022년 8월 3주차에 서초구마저 하락세로 전환되면서 서울 전 지역이 매매 가격 하락세를 보이고 있으며 하락 폭이 확대되고 있다. 전세 가격 또한 전 지역에서 하락 폭이 확대 중이다. 6개월 전과 비교할 때 시장이 급변하는 중이다.

2022년 8월 25일 한국은행이 기준금리를 0.25%p 올렸고, 미 연준이 9월 20일 기준금리를 인상한다면 부동산 시장은 본격적인 하락으로 돌입할 것이다. 우려하던 전세 대란은 없었고 전세 가격마저 하락 추세이다. 전세 가격의 하락은 매매 가격의 전조 현상, 즉 선행적 시장 현상이다. 이러한 시장 환경을 감안하면 2022년 4분기 이후 본격

전국의 아파트 매매 가격 추이

(단위: 지난주 대비, %)

	7.4	7.11	7.18	7.25	8.1	8.8	8.15	8.22	8.29	9.5
전국	-0.03	-0.03	-0.04	-0.06	-0.06	-0.07	-0.09	-0.14	-0.15	-0.17
수도권	-0.04	-0.05	-0.06	-0.08	-0.09	-0.10	-0.12	-0.18	-0.2	-0.21
지방	-0.02	-0.02	-0.03	-0.04	-0.04	-0.05	-0.07	-0.11	-0.11	-0.13
서울	-0.03	-0.04	-0.05	-0.07	-0.07	-0.08	-0.09	-0.11	-0.13	-0.15
경기	-0.04	-0.04	-0.06	-0.08	-0.09	-0.10	-0.12	-0.20	-0.21	-0.22
인천	-0.07	-0.07	-0.08	-0.10	-0.11	-0.15	-0.18	-0.26	-0.29	-0.29
부산	-0.02	-0.02	-0.03	-0.04	-0.05	-0.05	-0.07	-0.12	-0.15	-0.17
대구	-0.11	-0.13	-0.13	-0.13	-0.13	-0.16	-0.18	-0.24	-0.26	-0.25
광주	0.01	-0.01	-0.01	-0.01	-0.02	-0.02	-0.02	-0.05	-0.05	-0.11
대전	-0.06	-0.05	-0.07	-0.10	-0.10	-0.09	-0.12	-0.22	-0.24	-0.27
울산	-0.03	-0.03	-0.03	-0.02	-0.07	-0.10	-0.11	-0.17	-0.18	-0.2
세종	-0.14	-0.16	-0.21	-0.17	-0.18	-0.18	-0.20	-0.37	-0.41	-0.44
강원	0.00	0.01	0.02	0.01	0.01	0.01	-0.02	0.01	-0.02	-0.02
충북	0.01	0.01	-0.01	-0.03	0.01	-0.02	-0.05	-0.07	-0.08	-0.08
충남	-0.02	-0.03	-0.03	-0.04	-0.02	-0.03	-0.04	-0.13	-0.04	-0.07
전북	0.12	0.10	0.09	0.08	0.06	0.04	0.01	0.02	-0.01	-0.02
전남	-0.07	-0.06	-0.05	-0.04	-0.05	-0.05	-0.07	-0.10	-0.08	-0.09
경북	0.00	0.00	0.01	-0.01	-0.04	-0.04	-0.04	-0.03	-0.04	-0.07
경남	0.01	0.01	0.00	-0.01	-0.03	-0.04	-0.05	-0.08	-0.08	-0.09
제주	0.02	0.02	-0.01	0.01	0.01	0.00	-0.05	-0.03	-0.01	-0.03

주: '한국부동산원 주간 아파트 동향'을 바탕으로 시계열 취합 작성함.
자료: 한국부동산원

적인 패닉 셀링Panic selling(공황 매도)이 시작되면서 주택 시장은 상전벽

해桑田碧海의 장이 펼쳐질 것으로 보인다.

2022년 9월 5일 한국부동산원의 전국 주택 가격 동향 조사 발표

서울 25개 구 아파트 가격 추이: 전 지역구 하락 돌입

(단위: 지난주 대비, %)

	6.27	7.4	7.11	7.18	7.25	8.1	8.8	8.15	8.22	8.29	9.5
종로	-0.04	-0.04	-0.05	-0.10	-0.13	-0.13	-0.15	-0.16	-0.20	-0.21	-0.21
중	-0.02	-0.02	-0.02	-0.07	-0.13	-0.13	-0.15	-0.17	-0.19	-0.20	-0.20
용산	0.00	0.00	-0.01	-0.02	-0.05	0.00	0.00	-0.01	-0.02	-0.04	-0.05
성동	0.00	-0.01	-0.02	-0.02	-0.01	-0.02	-0.02	-0.02	-0.03	-0.04	-0.05
광진	-0.03	-0.04	-0.03	-0.02	-0.03	-0.04	-0.03	-0.05	-0.04	-0.03	-0.04
동대문	-0.05	-0.06	-0.04	-0.05	-0.07	-0.09	-0.06	-0.10	-0.12	-0.15	-0.14
중랑	-0.04	-0.04	-0.04	-0.05	-0.06	-0.05	-0.04	-0.09	-0.11	-0.15	-0.15
성북	-0.04	-0.04	-0.07	-0.12	-0.15	-0.15	-0.16	-0.18	-0.21	-0.21	-0.23
강북	-0.07	-0.08	-0.09	-0.13	-0.14	-0.16	-0.15	-0.13	-0.17	-0.20	-0.18
도봉	-0.02	-0.06	-0.10	-0.14	-0.17	-0.15	-0.18	-0.20	-0.22	-0.27	-0.30
노원	-0.07	-0.08	-0.10	-0.13	-0.15	-0.15	-0.20	-0.21	-0.23	-0.25	-0.30
은평	-0.05	-0.06	-0.07	-0.10	-0.14	-0.14	-0.15	-0.18	-0.19	-0.23	-0.23
서대문	-0.05	-0.04	-0.05	-0.08	-0.13	-0.15	-0.15	-0.16	-0.19	-0.23	-0.25
마포	-0.03	-0.03	-0.04	-0.09	-0.13	-0.13	-0.14	-0.16	-0.18	-0.19	-0.20
양천	-0.02	-0.01	-0.01	-0.02	-0.02	-0.03	-0.02	-0.06	-0.07	-0.09	-0.10
강서	-0.04	-0.04	-0.05	-0.05	-0.06	-0.06	-0.05	-0.07	-0.07	-0.09	-0.13
구로	-0.02	-0.03	-0.04	-0.07	-0.05	-0.04	-0.03	-0.09	-0.09	-0.10	-0.12
금천	-0.02	-0.03	-0.04	-0.07	-0.05	-0.04	-0.04	-0.08	-0.11	-0.11	-0.16
영등포	-0.01	-0.02	-0.01	-0.03	-0.03	-0.03	-0.05	-0.08	-0.10	-0.10	-0.13
동작	-0.01	0.00	-0.01	0.00	-0.02	-0.02	-0.01	-0.02	-0.04	-0.06	-0.05
관악	-0.01	-0.01	-0.03	-0.05	-0.04	-0.04	-0.04	-0.06	-0.09	-0.08	-0.14
서초	0.02	0.02	0.03	0.03	0.01	0.00	0.00	-0.01	-0.02	-0.02	-0.09
강남	0.00	-0.01	-0.01	-0.02	-0.01	-0.02	-0.02	-0.03	-0.04	-0.06	-0.16
송파	-0.02	-0.02	-0.03	-0.02	-0.04	-0.05	-0.06	-0.07	-0.10	-0.12	-0.09
강동	-0.04	-0.04	-0.03	-0.02	-0.03	-0.02	-0.03	-0.03	-0.04	-0.06	-0.15

주: '한국부동산원 주간 아파트 동향'을 바탕으로 시계열 취합 작성함.
자료: 한국부동산원

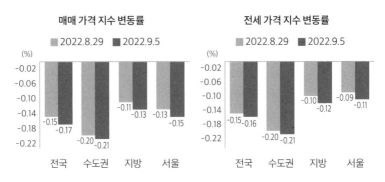

9월 2주차 매매 및 전세 시장 변동률 추이

매매 가격 지수 변동률

■ 2022.8.29 ■ 2022.9.5

전세 가격 지수 변동률

■ 2022.8.29 ■ 2022.9.5

를 보면 극히 일부 지역을 제외한 전국 매매 가격과 전세 가격 모두 하락이 이어지고 하락 폭까지 확대되는 모습이 나타나고 있다. 특히 서울은 25개 구 모두 하락세를 면치 못하고 있다. 거래량은 감소하면서 하락 폭은 커지는 현상을 심도 있게 받아들여야 한다. 경기도는 하락세가 더 심화되고 있고 6대 광역시도 2022년 6월부터 본격적인 하락으로 전환되었다. 전국 부동산 시장이 급변하고 있는 것이다. 이러한 현상은 9월 말 자영업자 대출 유예 기간 만료에 따른 리스크와 미국 금리 인상 등이 겹쳐지면서 심화될 가능성이 크다. 즉 향후 시장은 20~30세대는 처음 겪어보는 부동산 시장이 될 것이고 40~50세대는 이미 겪어본 시장의 재현일 것이기에 신규 분양 외 기존 주택 시장은 상당 폭의 가격 조정이 불가피해 보인다.

전국 미분양 증가 현황

　　2022년 2월 강북 수유동에 위치한 A 아파트가 216가구를 분양했는데 무더기 청약 미달 사태로 분양 물량의 91.7%인 198가구가 미분양되었다. 이후 무순위 청약을 받았음에도 미분양이 해소되지 않아 7월부터는 15% 할인 분양에 들어갔다. 이 같은 미분양의 주된 이유는 '고분양가'이다. 불과 7개월 전만 해도 시장에 버블이 형성되었는데, 그 당시 주택 가격 시세를 기준으로 분양가를 책정하였던 것이다. 불과 1년 사이에 시장이 급변하고 말았다.

　　2022년 서울의 미분양은 2월 47가구, 3월 180가구, 4월 360가구, 6월 719가구로 급증하고 있다. 수도권인 경기도도 연초 855가구에서 6월 말 기준 3,319가구로 급증한 상태이다. 부산도 2022년 1월 921가구에서 6월 기준 1,267가구로 346가구의 미분양이 증가했다. 대구는 6월 말 기준 미분양분이 6,718가구에 달한다. 여기에 입주 물

미분양 2,000건 이상 지역

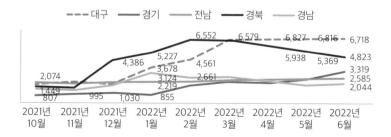

량 폭탄으로 시장이 하방으로 완전히 진입한 상태이고 향후 입주 물량도 많다. 광주의 경우 2022년 상반기 내내 미분양이 없는 수준이었으나 6월에 198건의 미분양이 발생하였고, 울산은 2021년 가을 미분양분이 해소되지 않은 상태에서 다시 미분양이 발생하면서 시장이 꺾이는 양상을 띠고 있다.

02
5대 부동산 시장 지표로 본
시장 방향 예측

주택 시장이 상승 또는 하락할 것인지 방향을 가늠할 때 기본으로 살펴보는 것이 앞서 살펴보았던 '거래량 증감 추이', '전세가율 변화', '미분양분 증가 감소 동향'이다.

	증가(상승)할 때	감소(하락)할 때
거래량	상승장	하락장
전세가	상승장	하락장
미분양	하락장	상승장

위와 같이 부동산의 시장 기본 요인들이 모두 하락 방향을 나타내고 6개월 이상 시계열 추세를 형성하고 있다. 즉 향후 시장은 하방 압력이 강한 시장이 될 것이다.

이 세 가지에 '경매 지표의 추이'를 더하여 4대 기본 부동산 시장 분석 지표로 삼는다. 그리고 '매물량과 거래량과의 상관관계' 혹은 '거래 회전율'을 추가하여 5대 지표로 본다. 이 5대 지표가 모두 하방 지향성으로 추세를 전환하였다는 것은 향후 시장이 하향화로 진행한다는 신호이다. 이와 반대로 5대 지표가 상승 방향의 신호로 형성되면 회복 및 상승 국면으로 판단하게 된다.

경매 지표: 경매 3대 지표도 하향 전망 나타내

경매 지표는 부동산 시장의 선행 지표이다. 부동산 투자를 어느 정도 한 사람들이 참여하는 시장 동향이기 때문이다. 즉 향후 시장 전망이 경매의 모든 지표에 반영되어 나타난다. 미분양 증가, 전세가 하락, 거래량 감소와 함께 이 지표를 분석하면 시장의 미래 향방을 파악하는 데 큰 도움을 받을 수 있다.

[경매 3대 지표]
- 낙찰률: 경매 입찰 물건 중 낙찰된 물건 수의 비율.
  (예: 아파트 3개가 10억 원에 경매 입찰 시 1건이 낙찰되면 낙찰률은 1/3 = 33.3%임)
- 낙찰가율: 낙찰된 물건의 입찰가 대비 낙찰 가격의 비율.
  (예: 거래된 1건이 10억 원인데 9억에 낙찰 시 90%임)
- 응찰률(입찰 경쟁률): 입찰 물건 1건에 응찰하는 사람의 비율, 혹은 물건당 응찰자 수로 표현. 통상 응찰자 수로 지표를 나타냄.
  (예: 1건의 물건에 5명이 입찰 참여하면 응찰률은 5:1임)

서울 아파트 경매 지표

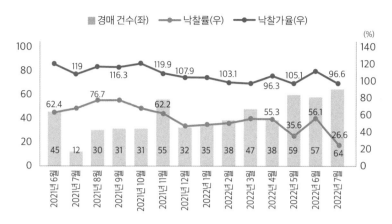

자료: 지지옥션

경매 3대 지표는 낙찰률, 낙찰가율, 응찰률(응찰자 수)의 세 가지다. 시장이 상향일 경우 모든 지표가 높은 수치를 나타내고 하향이 전망되면 모든 지표가 낮게 나타난다.

서울 아파트의 2022년 7월 경매 낙찰률은 26.6%, 낙찰가율은 96.6%이다. 즉 64건의 아파트가 경매 입찰에 들어갔는데 26.6%인 17건만 주인을 찾았고 47건은 유찰되어 다음 경매 시 20% 하락된 경매 입찰가로 다시 새로운 경매를 하게 됐다는 의미다. 또한 응찰자 수는 물건당 3명으로 글로벌 금융위기 수준으로 줄었다. 이러한 경매 지표는 향후 아파트 시세가 현재 시세보다 10~20%는 하락할 것임을 나타내는 선행 신호라고 판단할 수 있다.

택지 지정 공급*: 3기 신도시 등 공공 택지 공급에 따른 가격 조정 불가피

다음 페이지 그림을 보면 향후 상당한 양의 주택 공급을 예상할 수 있다. 2026년 이후부터 입주가 시작되면 주택 시장의 하향 안정화가 2029년까지 이어질 가능성이 크다.

현재 인천 계양신도시 등에서 토지 보상 진행이 상당히 빠르게 진척되면서 향후 사전 청약 물량이 상당량 공급될 것이다. 그동안은 택지 지정 후 입주까지 8~10년 정도가 소요되었으나 이번 택지 공급은 입체환지立體換地** 등을 통한 보상 절차가 단축되면서 5~8년이면 본격적으로 입주가 가능할 것으로 보인다.

택지 공급 확대를 통한 주택 공급에 있어 한 가지 변수가 있다. 정부의 고의적인 주택 공급 속도 조절이다. 박근혜 정부 시절에도 중장기적 주택 공급 정책에 위배되는 정책으로 주택 가격을 부양하였었다.

● 국토교통부에 의하면, 택지 지정은 〈택지 개발 촉진법〉에 의한 택지 개발 지구와 공공 주택 건설 등에 관한 특별법에 의한 공공 주택 지구(구 보금자리주택 지구) 지정 실적을 말함. 또한 택지 공급은 공공기관(국가, 지자체, 한국토지주택공사, 각 지방공사 등)이 개발 사업(택지 개발 사업, 공공 주택 사업, 도시 개발 사업, 국민 임대 단지 조성 사업, 보금자리주택 지구, 대지 조성 사업, 산업 단지 조성 사업, 유통 단지 조성 사업, 경제 자유 구역 조성 사업, 주택 단지 조성 사업 등) 시행으로 조성한 주택 건설 용지와 공공 시설 용지를 수요자에게 공급한 실적을 의미한다.

●● 도시 개발 사업 시 토지 구획을 정리할 때 구획지가 너무 작아지지 않게 하기 위해 종전 토지 소유자에게 토지 대신 건축물의 일부 또는 그 건축물이 있는 토지의 공유 지분을 주는 개발 방식.

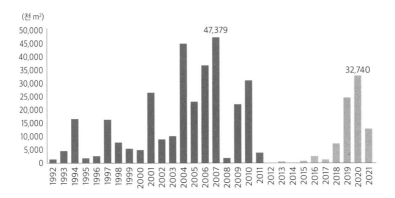

1992~2021 택지 지구 지정 공급 현황 추이

(천 m²)

47,379

32,740

자료: 국토교통부 택지 지정 통계

그림에서 보듯이 주택 공급을 제한하고 택지 공급을 거의 하지 않아 2017년 이후 주택 가격의 버블 형성에 단초를 제공한 것이다.

윤석열 정부의 8·16 대책을 보면 공공 택지 공급 물량의 대부분을 2025년 이후로 미루어 놓았다. 전체 약 90만 호의 공급 물량 중 2022~2024년은 30만 호 수준이고 2025~2027년 사이에 약 60만 호가 공급된다. 부적절한 공급 배분으로 2025년 이후 공급량이 일시에 많아지면, 더욱이 재건축·재개발 완화 정책으로 인한 민간 공급 물량의 입주 시기가 중복되는 문제가 2027년 이후 발생할 가능성이 크다. 따라서 적절한 조기 공급 확대를 통한 균형적 공급이 필요하다. 무주택자는 내 집 마련 시기를 이러한 공급 계획을 참조하여 결정하는 것이 효과적이다. 시장 참여자들은 이러한 공급 일정을 파악하고 자산 관리를 하는 것이 좋다. 부동산 상승기에는 입주 물량이 많아도 가 수요가 발생하여 흡수 효과가 있으나 하락 조정기에는 수요가 대폭 감소하게 되면서 주택 가격의 급격한 하락을 일으킬 수도 있다는 점을 인지하고 시장에 대처하는 것이 바람직하다.

특히 택지 지정 공급 현황 추이를 보면 향후 상당한 양의 주택 공급을 예상할 수 있다. 2026년 이후부터 입주가 시작되면 주택 시장의 하향 안정화가 2029년까지 이어질 가능성이 크다. 입체환지 등을 통한 보상 절차가 단축되면 앞서 말한대로 정부가 의도적으로 사업 절차를 지연시키지 않는 한 더 빠른 속도로 입주가 가능할 것으로 보인다.

더불어 2023년부터 2025년 시장은 본격적인 사전 청약이 진행되면서 수요 분산 효과가 나타날 것이다. 중장기적으로 시장은 큰 조정 장세가 이어질 것으로 보여 안정적이고 보수적인 관점에서 시장에 대처하는 것이 좋다.

착공 물량을 통한 시장 예측

택지 지정과는 별도로 지역별 아파트 착공 물량을 파악하여 향후 시장을 파악하는 것도 필요하다.

그림에서 서울과 인천의 아파트 착공 물량 추이를 국토교통부 통계로 살펴보자. 아파트 건설 공기는 착공 후 통상 2년 6개월에서 3년으로 본다. 단지 규모가 클수록 3년에 가까운 공사 기간이 소요된다. 즉

서울 및 인천 연도별 아파트 착공 물량 추이

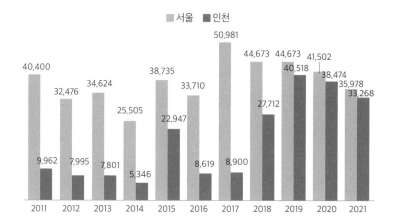

경기도 연도별 아파트 착공 물량 추이

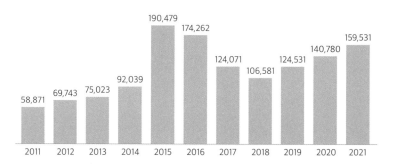

소송 등의 특별한 문제가 없다면 착공 후 3년 뒤에는 입주가 이루어진다. 이 물량과 지역의 적정 입주 물량, 그리고 거래 상황 등을 파악하면 시장 예측이 가능하다. 2023년 인천과 수원 등 입주 물량이 많아지는 곳의 부동산 시장은 상당한 하락 조정을 거칠 것으로 보인다.

03
경제적 지표와 확장적
부동산 관련 지표를 통한
시장 분석

부동산 시장은 경제 상황과 밀접한 관계를 갖는다. 실제 여러 조사와 연구에서 상관관계가 상당히 높은 것으로 밝혀졌다. 따라서 경제 상황을 알아야 부동산 시장을 합리적으로 판단할 수 있다.

경제가 좋아지고 소득이 늘면서 소득 분배도 잘 이루어진다면 주택 수요가 증가하게 되고 이는 곧 주택 가격의 상승과 공급 증가로 이어진다. 경제가 좋지 않을 때는 이와 반대의 결과가 도래한다. 또한 소득이 증가하더라도 주택과 부동산 가격의 급등이 발생한다면 버블을 형성하게 되고 가격 상승 임계점에 도달하면 시장은 상승을 멈추고 조정을 거치면서 새로운 균형 가격점 도출을 위한 과정이 시장에 펼쳐지게 된다.

한 국가의 GDP 대비 부채 비율(정부, 기업, 가계), 가계의 가처분 소득 대비 가계 금융 부채 비율, GDP 대비 부동산 자산 가치의 비율, 피케티 지수Piketty Index, 장기 임대료 추이, 금융 취약성 지수가 부동산 시장 상태를 나타내는 대표적인 경제 지표이다. 이것들을 확장적 부동산 지표로 본다. 이들 지표의 방향성을 살펴면 부동산 시장이 버블 상태인지 정상적인 범주 내의 시장 상황인지 판단하는 데 도움이 된다.

이외에도 PMI(제조업 구매 관리자 지수), CSI(소비자 동향 지수), BSI(기업 경기 실사 지수), CPI(소비자물가 지수) 등 경제 지표를 보조적 분석 지표로 활용하면 좀 더 정확한 시장 판단을 할 수 있다. 최근에는 부동산 분야에 한정하여 이 지표들을 여러 기관에서 산출하고 있다. 예를 들어 주택산업연구원은 건설사를 대상으로 주택 사업에 대한 전망을 나타내는 HBSI을 주기적으로 조사하여 발표하고 있고 한국건설산업연구원은 건설 기업 경기 실사 지수인 CBSIConstruction BSI발표하고 있다. 국토연구원도 k-REMAP 지수(부동산 시장 종합 지수)를 발표하고 있다.

앞서 언급한 부동산 시장의 기본적 요인들과 확장적 요인, 그리고 상관관계가 있는 경제 지표를 종합적으로 취합하고 분야별 세분화된 비중을 부여하고 점수로 환산함으로써 시장의 현재와 미래를 합리적으로 판단할 수 있다.

즉 입주 물량이 적음에도 주택 가격이 하락하는 것과 같은 수요·공급의 부조화 현상에 대한 논리적이고 증명 가능한 분석 결과를 도출할 수 있고 웬만한 부동산 전문가보다도 더 나은 최상급의 시장 대처가 가능하게 된다.

2022년 7월 기준으로 PMI는 49.8을 기록했는데 10개월 만에 최저치를 보였다. 8월 20일 기준으로 CSI는 86으로 전월 대비 -10.4p 하락하여 소비자들이 경제 상황을 비관적으로 보고 있음을 나타냈다. 그 밖에 가계 수입 전망 CSI는 93(-4p), KB 주택 가격 전망 CSI는 74.3, 현재 경기 판단 CSI는 43(-17p), 향후 경기 전망 CSI는 50(-19p)으로 모든 경제 관련 지표가 하방을 나타내고 있다.

주목해야 할 점은 가처분 소득 대비 가계 부채 비율이 높아질 때 경제위기가 발생한다는 것이다. 미국이 137%일 때 2008년 글로벌 금융위기가 일어났고, 일본이 140%였던 1990년에 버블 붕괴 충격에 휩싸였으며, 스페인이 150%이던 2010년에는 남유럽 재정 위기(PIGS 사태)가 초래되었다. 이것은 우리 부동산 시장에 시사하는 바가 크다. 그동안 저금리 상황이 이어지면서 가계 부채가 급증하였기 때문이다.

가처분 소득 대비 가계 부채 비율 추이

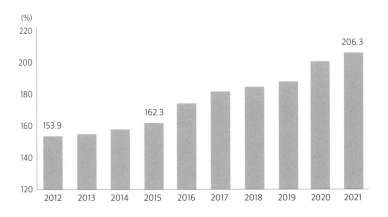

주: 가구 처분 가능 소득 대비 가계 부채 비율 = (가구 부채 총액 ÷ 가구 순가처분 소득) × 100
자료: OECD, 〈OECD National Accounts〉, 2021.10.

버블이 터진 나라들의 그 당시 금리는 지금보다 높았다는 점을 감안하더라도, 한국이 위험한 임계점을 이미 초과하였다고 판단된다. 향후 시장에서 보수적인 대처와 자산 관리가 필요한 시점인 것은 분명하다.

피케티 지수: 버블 양극화의 척도

한 사회에서 자본이 차지하는 중요도를 측정하는 지수인 '피케티 지수'도 살펴볼 필요가 있다. 피케티 지수란 한 나라에 존재하는 모든 부의 가치를 1년 동안 국민이 벌어들인 소득으로 나눈 값을 말한다.

> 피케티 지수 = 가계와 정부의 순자산 ÷ 국민순소득(NNI)

이 지수를 통해 자본과 소득 배율에 따른 불평등 및 양극화 상태를 측정해볼 수 있다. 이 배율이 높을수록 노동 이득에 비해 자본 이득의 몫이 과다하게 집중됐다고 본다. 이때 부동산 측면에서는 노동 소득이 줄어드는 반면 부동산 등 자산 가치는 상승해 자본가 계층에 불로소득이 집중되는 것으로 볼 수 있다.

토마스 피케티는 《21세기 자본론》을 통해 불로소득 형태의 부동산 자산 증가(자본 소득 > 노동 소득)는 주거 비용 등 자본 지출 증가로 노동 소득을 감소시키고 노동을 통한 자산 증식이 자본 증식보다 열

피케티 지수

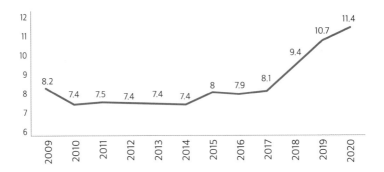

자료: 한국은행, 용혜인 국회의원실

각 나라별 피케티 지수

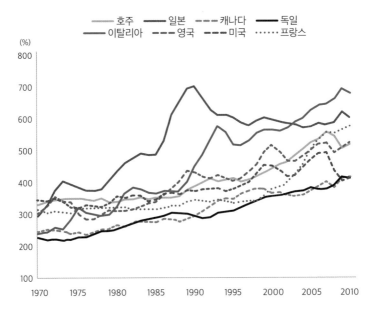

주: 1970~2010년 민간 부 기준(Private wealth/National income ratios)
자료: Gabriel Zucman(Associate professor of economics, UC Berkeley)

세가 되는 구조를 만들어 결국 양극화가 심화된다고 보았다. 또한 이는 경제 시스템에 문제를 유발하여 버블 붕괴로 이어진다는 메커니즘을 설명하였다.

'국민순소득'과 '국가 총자산'에 대한 배율을 %로 나타낸 그림을 보면, 일본은 7(698%), 미국은 4.8(480%), 이탈리아는 7(690%)일 때 버블이 붕괴되었다. 그리고 스페인은 8(800%) 수준에서 부동산 경제(PIGS 사태)가 붕괴되었다.

대한민국은 산출 방식에 따라 2020년 기준 11.4 혹은 6.7(가계 및 비영리단체의 순자산)로 피케티 지수가 산출되는데 두 경우 모두 위험 수준에 다다른 수치를 나타내고 있어 향후 2023년에 위험이 도래할 가능성이 큰 것으로 전망된다.

피케티 지수 산출 방식에는 국민대차대조표를 기본으로 하여 국민순소득에 대한 국부와 민간부의 비중을 산출하는 두 가지 방식이 있는데 2020년 기준으로 대한민국의 피케티 지수는 각각 11.4와 6.7(가계 및 비영리 단체의 순자산)을 나타내고 있다. 두 경우 모두 위험 수준에 다다른 수치를 보이고 있어 2023년을 기점으로 위기가 도래할 가능성이 커질 것으로 전망된다. 특히 일본 버블 붕괴 시 피케티 지수가 6.98(698%)이었다는 점은 우리에게 시사하는 바가 크다.

한국은행은 반기별로 금융 안정 보고서를 발표하는데, 2021년 12월 23일 발표한 금융 안정 보고서의 부동산 금융 취약성 지수FVI가 역대 최고치를 기록하였다. 금융 취약성 지수란 금융 안정 지수FSI

가 장기적 금융 불안 요인을 식별하는 데 한계가 있기 때문에 자산 가격, 신용 축적, 금융 기관 복원력의 세 가지 요소를 바탕으로 39개 분기 지표를 표준화해서 산출한 종합 지수 지표이다. 이때 주식, 채권, 부

금융 불균형 관련 부문별 지수

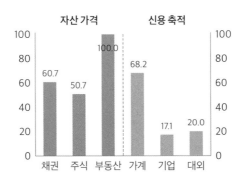

주: 2021년 3/4분기 기준
자료: 한국은행

금융 취약성 지수(FVI) 추이

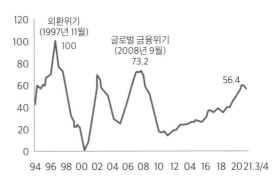

주: 금융 취약성 지수의 3개 평가 요소(자산 가격, 신용 축적 및 금융 시스템 복원력)와 관련된 39개 분기 지표를 표준화하여 산출한 종합 지수(0~100)
자료: 한국은행

더 위험한 미래가 온다

동산 세 분야로 세분한다. 연말 보고서에 따르면, 한국의 금융 취약성 지수는 2022년의 지표를 보면 IMF 사태와 2008년 글로벌 금융위기를 제외하고 역대 최고치인 59.9를 기록하였고 부문별로는 채권 금융 취약성 지수는 60.7, 주식 부문 지수는 50.7을 기록한 반면 부동산 금융 취약성 지수는 최고치인 100을 기록해 현재 부동산 시장이 위험 상황에 처했음을 나타냈다. 취약성 지수는 지수를 0부터 100까지로 측정하는데, 부동산 금융 취약성 지수가 최고 수치인 100을 기록했으니 부동산 버블 상태임을 나타내고 있는 것이다. 이 같은 지수를 토대로 보았을 때, 현 금융 시스템에서 부동산 금융 위험 노출exposure(익스포저)이 높다고 판단된다. 부동산 부문은 잠재적 취약성이 높아 시장에 선제적이고 방어적 형태를 취하는 것이 올바른 전략이다. 최근 몇 년간 증권사와 저축은행들이 공격적 부동산 PF 대출을 하였고 이로 인한 부실화가 우려된다는 보고서들이 나오고 있다. 시장 참여자들은 버블을 경고하는 수많은 지표의 신호를 유념하면서 반드시 위험 관리를 해야 할 때인 것이다.

적정 주택 공급 호수

선진국의 적정 주택 수는 인구 1,000인당 주택 수로 판단하는데 통상 450호가 적정한 주택 재고 수로 보고 있다. 2020년 기준 한국

인구 1,000명당 주택 수

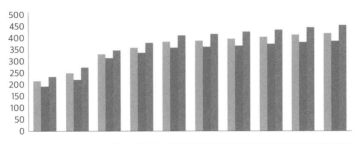

	1995	2000	2005	2010	2015	2016	2017	2018	2019	2020
■전국	214.5	248.7	330.4	356.8	383	387.7	395	403.2	411.6	418.2
■수도권	191.2	221.6	314.7	336.2	356.8	360.8	365.8	372.9	380.1	385
■지방	233.9	272	345	376.8	408.7	414.1	423.8	433.3	443.1	451.7

의 인구 1,000명당 주택 재고는 418채로, OECD 회원국 내 비교 자료가 있는 34개국 중 27위였다. OECD의 평균 주택 재고(462채)보다 크게 낮다. 프랑스 590호, 독일 509호, 일본 494호, 미국 425호 수준이며 OECD 34개 회원국 가운데 27위인 것으로 최근 한국은행 보고서에 나타났다. 한국은 특히 수도권의 주택 수가 선진국 대비 많이 모자란 것임을 알 수 있다. 이 보고서에 따르면 한국의 자가自家 보유율은 60.6%로서 OECD 34개국 중 33위에 그쳐 주택 공급뿐이 아니라 주택 정책도 혁신을 도모해야 함을 나타냈다.

04
부동산 조정기 대처 방안 (1): 무주택자의 경우

무주택자라면 현재의 부동산 하락 조정기 진입이 장기적으로 진행되고 빠른 시간 내에 4~5년 전 가격으로 돌아가기를 원할 것이다. 동시에 본인이 거주하는 지역의 주택 가격이 낮아지기를 원할 것이다.

그러나 향후 또다시 금리 인하 시기가 오고 유동성이 증가하며 이와 동시에 정부의 규제 완화가 겹쳐지면 부동산이 재상승할 수 있다. 이러한 불안감도 공존하기 때문에 적절한 매수 시기를 결정하는 데 혼란스러울 수 있다.

먼저 명심할 점은 시장에 대한 정확한 기본 지식을 가지고 준비를 할 때 최적의 시기에 주택 매수를 할 수 있다는 사실이다. 그렇다면 지금 시장 상황을 다시 객관적으로 살펴보면서 최선의 전략을 찾아보자.

2022년 8월 8일 전국 18개 단지의 생애 최초, 신혼부부, 특별 공급 청약이 시행되었으나 한 곳도 모집 물량을 소화하지 못하고 미분양이 발생하였다. 급변하는 시장 분위기를 그대로 보여주는 셈이다. 최근 광명시의 신규 아파트 분양에서 수요자들이 높은 분양가 때문에 청약을 해야 하는지 많이 고민하는 모습을 보였다. 이유는 단 한 가지다. '비싸게 사는 것이 아닌가' 하는 의구심과 '주택 가격이 더 하락하면 기존 주택을 사는 게 나을까?'라는 혼란스러운 마음이 충돌하고 있는 것이다. 즉 현재 주택 가격에 대하여 '이게 과연 적정한 가격인가? 내가 비싸게 사는 것은 아닌가?' 하는 고민에서 관망과 보류로 돌아선 실수요자들이 많아진 것이다.

이는 곧 유효 수요 감소로 이어지고 신규 분양 청약 현장들이 미분양과 미달이라는 결과로 나타나기 시작하는 것이다. 즉 가격의 임계점에 다다른 것이다.

요즘 "선 당첨, 후 고민"이라는 말이 회자되고 있다. 그러나 이런 태도는 지금과 같은 주택 가격 하락 조정기에는 부적절하다. 그나마 사전 청약의 경우에는 고민 후 포기해도 큰 불이익이 없으나 일반 분양의 경우에는 당첨 후 절대 포기해서는 안 된다. 당첨 후 마음에 들지 않는 층·호수일 경우나, 계약금 마련에 어려움이 있는 경우, 혹은 주택 가격이 계속 하락하고 있다는 시장 소식을 듣고 스스로 포기하는 경우 10년간 청약 신청 제한이라는 커다란 불이익이 생기기 때문이다. 따라서 다음과 같은 이성적인 판단 과정을 거친 후에 청약을 시행하는 것이 좋다. 여기에서는 갭 투자를 의식한 이들은 취급하지 않겠다. 실수요자의 관점에서 대처하는 판단 방법을 제시한다.

실수요자를 위한 청약 당첨 전략

- 첫째, 청약 대상 분양 단지의 분양 가격과 인근 주위 시세 단지를 고정값으로 놓는다.
- 둘째, 주위 시세가 입주 시기에 10% 하락할 경우, 20% 하락할 경우, 30% 하락할 경우로 세분하여 현재 청약 대상 분양 가격과 비교한다.
- 셋째, 하락 시 현 분양 가격과 유사하거나 더 높거나 낮은지 비교한다.
  (예: 분양가 5억 원 / 현 시세 7억 원
  → 20% 하락 시: 5억 6,000만 원 / 30% 하락 시 4억 9,000만 원)
- 넷째, 위와 같이 비교해본 후 청약 대상의 유리한 요소(신축이라는 점, 입지 측면 등) 비중을 추정하여 가격에 반영하면 본인이 원하는 목표대의 분양가가 도출될 것이다.
- 다섯째, 당첨 후 입주 시까지의 자금 마련 계획과 입주 후 대출을 받을 경우 본인 소득 대비 부담 가능한 원리금 상환 범위를 계산한다. 본인 소득 수준에 맞추어 원리금 상환 금액은 DSR 기준 30~35%가 적정하므로 이를 기준으로 역으로 계산하여 적정 주택 가격 수준을 목표로 정한다.

위와 같은 기준에서 장래 소득이 증가할 것으로 예측된다면 DSR 40% 선에서 목표 주택 가격을 정하는 것이 안정적이고 적정한 주택 구입 전략이다.

여기까지 정리하고 나면 청약 대상 선정과 청약 시기, 청약 대상의 규모와 가격 등이 어느 정도 정해질 것이다. 3인이나 4인 가족의 경우 특히 자녀의 방 문제 같은 것으로 고민이 많을 것이다. 이때 가족의 거주 안정이라는 심리적 행복과 건강 증진의 효과를 스스로 가격화하여 요소로 산입하면 청약에 대한 확실한 로드맵이 확정될 것이다.

그리고 마지막으로 본인의 거주 지역 및 인근 지역, 동일 수급권(거주 이전 대체가 가능한 지역) 지역의 향후 입주 물량(3년치 2025년까지)과 분양 예정 물량, 매매 물량의 추이를 확인하고 미래 시장을 판단하면 최적의 시기에 최적의 가격으로 내 집을 마련할 수 있을 것이다. 지역 매매 물량은 부동산 정보 사이트 '아실www.asil.kr'이나, 네이버 부동산 매물 사이트와 앱을 통해 확인해볼 수 있다.

기타 방법으로는, 재개발·재건축 보류분 분양 신청을 찾아볼 수 있다. 도시 및 주거 환경 정비법상 사업 시행자(조합)는 조합원을 대상으로 분양한 뒤 남는 물량을 보류지(건축물 포함)로 정하거나 조합원 외에 분양할 수 있는데, 이 기회를 노리는 것이다. 통상 입주 시점에 일반 분양을 통해 처분하므로 관심을 가지고 대응하면 좋은 기회를 마련할 수 있을 것이다.

경매를 통한 방법도 있다. 경매 지식이 없더라도 경매 대리인 자격을 가진 공인중개사에게 의뢰하여 주택을 마련해볼 수 있을 것이다. 본인 인근 지역 물건 경매 시 가능한 방법이다.

무주택자의 경우 주택 구입으로 인한 원리금 상환액이 본인 소득의 30% 이하일 때 매입하는 것이 가장 합리적이며 향후 위기에도 대처 가능한 자산 관리 방법이다.

05
부동산 조정기
대처 방안 (2):
1주택자의 경우

1주택자도 청약 통장 필수, 민간 분양 추첨제 적극 활용

2주택 이상 보유한 세대는 청약이 불가하지만 1주택자는 비규제 지역뿐만 아니라 규제 지역의 청약도 신청 가능하다. 따라서 1주택자도 청약 통장이 필수적이다.

청약 제도는 크게 가점제와 추첨제로 구분된다. 추첨제는 민간 분양 시 청약 가점이 낮은 사각지대의 무주택자와 가족 구성원의 증가에 따라 소형 평형에서 중형 이상 평형으로 이전하려는 1주택자를 배려하여 만들어진 제도이다.

현재 정부는 청약 제도 개편을 추진 중이다. 투기 과열 지역에서는 85m²를 초과하는 경우 50%가 추첨제로 공급된다.

조정 지역에서는 85m² 이하 공급 물량 중 25%가 추첨제로 공급되

주택 공급에 관한 규칙 제28조 주요 내용

구분	조정 지역 청약 과열 지구	투기 과열 지구	3기 신도시 민간 분양 공공 택지	비규제 지역
85㎡ 이하	25% 추첨제	가점제	가점제	시장·군수·구청장 이 60% 범위 내 공고
85㎡ 초과	70% 추첨제	50% 추첨제	개발 제한 구역 50% 이상 해제 지역 50% 내 시군구 장이 공고	100% 추첨제
			상기의 경우 추첨 대상자 가 많을 경우 추첨 물량의 75%를 무주택자에게 우 선 공급	

며, 85m² 초과 평수의 70%가 추첨제로 공급된다. 투자 대비 가치를 고려하면 "조정 지역 내, 85m² 이하 평수 즉 25% 추첨제"를 노리는 것이 효과적이다.

1주택자들은 2023년부터 진행될 3기 신도시 민간 분양분에 대하여 청약 추첨제 분에 대해 신청하여 당첨을 기대할 수 있다. 지구별 전체 물량 중 공공 분양은 15~25%, 민간 분양은 40%가량이다.

이 중 민간 분양 전용 면적 85m²를 초과할 경우 추첨제 물량의 25%가 기존 주택 처분 조건으로 1주택자에게도 기회가 주어진다.

청약통장 활용 방법

청약통장은 통상 매달 2~10만 원 정도를 납입한다. 민영 분양의 신

면적별 청약 예치금

(단위: 만 원)

공급 가능 주택 전용 면적 \ 지역	특별시 및 부산광역시	그 밖의 광역시	특별시 및 광역시를 제외한 지역
85㎡ 이하	300	250	200
102㎡ 이하	600	400	300
135㎡ 이하	1,000	700	400
모든 면적	1,500	1,000	500

자료: 주택공급에 관한 규칙 [별표 2] <개정 2019. 11. 1.>

청을 위해서는 청약 가입 후 매월 납입을 하지 않았어도 입주자 모집 공고 전날에도 예치금에 해당하는 금액을 한번에 넣으면 인정하기 때문에 2만원씩 넣고 2년을 유지하면 1순위 조건이 충족된다.

예를 들어 서울에 거주하는 사람이 30평형대 청약 신청을 하려면, 청약통장에 예치금이 300만 원이 있어야 하는데, 청약 모집 공고 전날 300만 원을 예치하고 청약 신청을 하면 1순위 조건이 충족된다. 또한 기존 주택 처분 서약을 하는 세대가 당첨 우선권을 가지기 때문에, 처분 서약이 필수가 아니더라도 당첨 확률을 높이기 위해서는 하는 것이 좋다. 그리고 1주택자도 무주택자와 마찬가지로 재개발·재건축 조합의 조합 유보분 분양 시 추첨에 참여하는 방법을 활용해보길 바란다.

06
부동산 조정기
대처 방안 (3):
다주택자의 경우

금리 인상으로 인한 부동산 가격 하락 시나리오를 반영하여 10%, 20%, 30% 등 하락 폭에 따른 시장 예측과 본인의 전세 보증금 반환 부담 및 기타 부채에 관한 부담 능력(금리 인상에 따른 상환)을 확인하고 대처 전략을 수립한다. 역전세난 시 금리 상승에 따른 이자 부담 비용을 계산하고 대출 추가 가능 여부를 사전에 확인한 후 대처 방향을 결정해야 한다.

정부가 발표한 6·21 대책의 상생 임대인 제도 활용

윤석열 정부 들어 최근 '상생 임대인 제도'에 관한 일부 요건이 완화되었기 때문에 이 제도를 활용해볼 수 있을 것이다.

상생 임대인 제도 주요 내용

상생 임대인 제도 적용 대상	직전 계약 대비 전·월세를 5% 이내로 신규 또는 갱신 계약을 체결하는 임대인의 대상 주택
인정 요건	임대 개시 시점 다주택인 경우 향후 1주택자 전환 계획이 있는 경우
혜택	양도세 비과세 2년 거주 요건 면제 장기 보유 특별 공제 2년 거주 시 적용 요건 폐지
한시적 적용 기간	2024년 12월 31일까지

이 기본 제도 내용에서 '임차 계약 기간 1년 6개월'이란 표현과 매입 승계 여부에 대해 정부는 주요 가이드를 발표하였는데, 이 사항을 잘 숙지하고 대처해야 한다. 좀 더 자세한 전체 가이드 내용은 정부 포털 사이트에 업로드되어 있으니 꼼꼼히 읽은 후 대처하는 것이 좋다.

상생 임대인 제도 적용 여부에 대한 정부의 주요 가이드

Q : 주택을 매입하면서 임차인 승계 시도 적용되는가?
A : 매입 승계 임대차 계약은 불인정됨, 주택 매입 후 체결한 계약만 인정함.

Q : 2024년 12월 31일을 넘어 임대차 계약이 끝나는 경우는?
A : 적용 기한 전에 5% 이내 임대차 계약을 체결하면 적용됨. 만기일은 넘어도 됨.

Q : 직전 임대인 명과 상생 임대인 명이 바뀌어도 적용되는가?
A : 임대인 명은 동일해야 상생 임대인으로 적용됨. 임차인은 바뀌어도 5% 이내 인상 시 무방함.

자녀에게 부담부 증여 방식을 통한 증여

전세 보증금이나 주택 담보 대출 등 부채를 부담하는 조건으로 증여하는 것을 '부담부 증여'라고 하는데 대체로 일반 증여보다 세 부담을 줄이는 효과가 있고 취득세를 감면받을 수 있다. 공시지가 3억 원이상 주택이 조정 대상 지역인 경우 증여 시 자녀의 취득세율이 12%이다. 그런데 부담부 증여로 할 경우 일반적인 주택 취득세율이 적용되므로 이를 활용하는 것도 유용하다. 다만 유의할 점은 소득이 없는 자녀는 부담부 증여 부채에 대한 상환 능력이 없다면 세무조사를 받게 된다는 것이다. 이것을 반드시 고려해야 한다.

일시적 1가구 2주택 양도세 비과세 대상자 활용

이번 정부는 규제 지역에서의 종전 주택 처분 기한을 6개월에서 2년으로 연장하였다. 일단 한숨은 돌릴 수 있을 것이다. 현재 시장에서 양도세 비과세를 실현하기 위해서는 정확한 시장 판단과 함께 본인 자산 현황의 정확한 파악이 필요하다.

시장은 현재 시점에서 상승, 보합 유지, 하락의 세 가지 시나리오가 있다. 이 세 가지 경우의 수와 본인의 자산 관리 및 유지 시나리오를 결합하여 시장에 대한 포지션을 먼저 정해야 한다.

더 위험한 미래가 온다

본인의 자산 상황이 DSR 적용 시 현재 35~45% 사이에 해당한다면 미국 금리 인상과 한국의 금리 인상을 전제로 하여 부담 능력을 확인해야 한다. 향후 상승 시 상승의 폭이 현재부터 향후 3~5년간 부담할 비용을 충분히 상회할 수 있는 가치 상승이 보장되거나 예측되어야 한다.

만일 이 부분에 확신이 없고 심리적으로 부담감이 존재하면 매도를 권한다. 부동산 가격이 하락할 때 비용 부담 증가는 물론 정신 건강을 비롯한 모든 면에서 부정적 결과로 이어지는 것을 많이 보아왔다.

만일 DSR 적용 시 30% 이하라면 먼저 시장의 상승 및 하락 판단과 향후 시장 회복기에 대한 예측(향후 경제활동인구가 증가하는 지역만 해당함)을 한 후 매도와 보유 중 선택하면 된다. 이 경우 부동산 소재 지역의 도시 기본 계획을 살펴보고 지자체의 지역개발과 혹은 도시계획과 등을 방문하여 향후 개발 계획과 기업 유치에 대해 정확한 정보를 취득하는 것이 필수적이다.

또한 매물을 내놓은 공인중개사 사무실을 수시로 확인해야 한다. 특히 공인중개사에게 희망 매도 가격을 제시한다면, 지금 시장에서는 외면당하는 경우가 많다. 역으로 매수자가 원하는 가격을 확인하고 이에 대하여 합리적인 결정을 하는 것이 바람직하다.

07

윤석열 정부의
8·16 부동산 대책 영향

2022년 8월 16일 윤석열 정부가 첫 부동산 대책을 발표하였다. 발표된 내용을 한마디로 표현하면, "현재 시점에서는 시장에 변화를 줄 요인이 없다"이다. 시장에서 원하는 공급 계획마저 명확하지 않아 시장은 별 영향이 없는 상태이다. 그러나 자세히 살펴보면 공공 택지의 공급이 2025년 이후에 몰려 있고 1기 신도시 정책과 관련한 뚜렷한 계획이 없다는 것을 알 수 있다. 민간 위주의 공급 활성화를 내세웠지만, 어느 것 하나 명확한 것이 잘 보이지 않는다. 모든 사항이 기존 법을 개정하거나 시행령을 개정한 후에 진행되는 사안들로 나열되었다.

8·16 대책의 주요 사안들에 대한 일정표를 다음 페이지에 정리하였다. 순차적으로 많은 대책이 해결되어야만 가능한 공급 계획이어서 현재 실현 가능한 확정적 공급 물량은 수도권의 경우 공공 택지 88만 호에 그칠 것으로 보인다. 이마저도 2022년, 2023년, 2024년 공급 물

8·16 대책 주요 사안

시기	내용	법 개정 및 세부 사항
2022년 8월	층간 소음 저감·개선 대책	-
9월	재건축 부담금 감면 대책 종합 대책	9월 내 세부 감면(안)을 발표 발표 후 <재건축 이익 환수법> 개정안 발의
10월~	추가 신규 택지 발표	10월부터 순차 발표
9월	청년 원가 주택 등 사전 청약	9월 <청년 주거 지원 종합 대책>
9월~10월	민간 분양 신모델 택지 공모 → 10년 임대 주택 - 뉴스테이 변형	<민간 임대 특별법> 개정, 2022년 하반기 리츠가 공급 주체
12월	민간 도심 복합 사업 공모 신탁사·리츠 등 민간 전문 기관	<도심 복합 개발법> 제정. 2022년 12월, 2023년 상반기 중 공모에 착수
2024년 중	1기 신도시 마스터 플랜	연구 용역을 거쳐 도시 재창조 수준의 재정비 마스터 플랜을 2024년 중 수립할 예정

량은 30만 호 수준이고 2025~2027년 사이에 60만 호가 배정되어 있다.

시장에서 원하는 공공 택지 공급 일정과 분양가 수준에 대한 계획, 그리고 청약 제도 개선안 등이 이번 대책에서 빠졌다는 점도 아쉽다. 1기 신도시 주민들은 정부 정책이 총선을 의식한 정책 일정이라고 비판하고 있다.

정책 의도와 방향이 한마디로 민간 공급 활성화를 다른 정책들보다 우선순위를 두고 있다는 생각이 든다. 결론적으로 이번 대책은 시행되기 전까지는 구체성과 실현 가능성이 확정적이지 않아 대책별 사안에 따른 진행 사항을 체크하면서 시장에 대비해야 한다

1기 신도시 향후 방향은?

1기 신도시 정책 마스터 플랜은 결국 용두사미가 될 가능성이 커 보인다. 2022년 7~8월 경기연구원, 국토연구원 등의 시장 설문 조사 결과 해당 지역의 30~40% 이상이 리모델링을 추진하겠다는 계획이다. 그런데 1기 신도시 재정비 특별법은 정상적인 도시 계획의 기본과 근간에 맞지 않기 때문에 수많은 논란과 형평성 문제, 일조권 문제 등이 사회 문제로 번질 수 있다. 특히 일산·분당과 달리 현재 용적률이 평균 200% 이상인 중동·산본·평촌 신도시는 용적률을 300%로 올리더라도 증가 용적률의 50%를 기부 체납하는 방식이므로 실제 순수 주민 용적률은 250%에 그친다. 현재 재건축 제도 하에서 진행하여도 용적률 230~240%까지 가능하다. 따라서 재정비 특별법이 제정되고 진행되는 시간보다 이것이 더 빠를 수 있다.

또한 아파트 재건축과 함께 도로, 상하수도 등 기반 시설 문제 해결을 위해 대대적인 공사를 한다면 향후 최소 10~20년 이상 공사가 진행되어 주민 삶이 훼손된다. 그리고 용적률 상향 시 도시의 주거 환경 가치는 저하될 수밖에 없다. 여기에 향후 270만 호 공급 계획으로 제공되는 물량과 인구 감소와 맞물려 예상치 못한 도시 사회 문제를 유발할 가능성도 있다. 정부도 고심할 수밖에 없는 상황임을 직시하고 대처하는 것이 필요해 보인다

현 상태에서 리모델링과 재건축이 순차적으로 진행되고 정부·지자

체가 이를 지원하면 세계 최고의 도시 계획 이론을 바탕으로 건설한 1기 신도시의 주거 쾌적성은 그대로 유지하게 될 것이다. 1기 신도시의 주거 환경은 이미 검증되어 있고 아파트만 새로 짓는다면 향후 더 살기 좋은 도시가 될 것임이 자명하다. 이러한 사실들을 인지하고 시장에 대처해야 한다. 결론은 최대 적정 용적률 250%를 전제로 시장을 접하는 것이 합리적이다.

08
총론: 부동산 패러다임 변화를 알고 시장에 대처해야 한다

▼
▼
▼
▼

현재 일어나고 있는 부동산 거래 절벽 현상과 전 세계의 물가 인상으로 인한 경제 문제 등은 이 시대의 패러다임 변화와 무관하지 않다. 단순히 수요·공급으로만 시장을 판단하는 것은 현재의 복합적 요인들을 고려치 않은 비이성적인 태도이다. 경제가 어려워지면 주택이란 자산이 순수 자기 자본이 아닌 경우 부채의 부정적인 면이 현실화되므로 추가 대출이나 자산 매각을 통해 위기를 극복해야만 한다. 이것은 공급이 부족해도 마찬가지다. 오늘날 2022년은 전 세계적으로 상당한 수준의 경제적 위험 국면이기에 당분간은 글로벌 정치 경제 상황을 고려하여 부동산 시장에 대처하는 것이 현명하다.

더 중요하게는 국내 주택 시장과 상가 시장의 변화가 불가피한 시기가 도래하고 있음을 고려해야 한다. 시장 참여자들은 냉철한 이성을 가지고 시장에 대처해야 한다.

바젤 Ⅲ 협약 시행: 대출로 인한 부동산 폭등은
이제는 통하지 않는다

독자들은 G20 정상 회의를 알고 있을 것이다. 기후변화, 환경, 국제 경제, 보건, 국제금융 개혁, 글로벌 금융 안전망, 국제 무력 공조 등 다양한 분야를 논의한다. 2008년 1월 워싱턴 회의를 시작으로 2021년 10월 이탈리아 회의까지 진행되었다. 2010년 11월에는 서울에서 열린 G20 정상 회의 5차 회의가 열리기도 했다. G20 정상 회의 중 금융 개혁 부분에 대한 국제 협약을 체결했는데, 그것이 바젤 Ⅲ 협약이다.

이는 국제결제은행Bank for International Settlements, BIS 산하의 바젤은행 감독위원회가 2008년 글로벌 금융 위기를 계기로 세계 은행 자본 건전성을 확보하기 위해 은행의 국제적 회계 기준을 정립한 것이다. 2017년 12월, '바젤 Ⅲ 최종안'을 발표하면서 2022년 1월 1일부터 시행하기로 합의했다. 은행의 위험 가중 자산 산출 방식 개편 내용을 담은 것으로 가계 대출보다 기업 대출을 많이 해야 BIS 비율 산정에 유리하게 만들었다.

핵심적인 내용으로 DSR을 시행해야 한다는 조항이 포함되어 있다. 이것은 가계 대출 축소와 심사 강화를 의미한다. 코로나19로 인해 최종 이행 기한이 기존 2022년 1월 1일에서 2023년 1월 1일로 변경되었으나 전 세계 은행들이 2023년 1월 1일 시행을 대비하여 준비해나가고 있다. 국내 5대 은행 중 국민·신한·우리은행은 매 분기 전체 신규 대출액의 57%를 기업 대출에 할애해야 하고, 농협은행은 51% 수준을 유지해야 한다. 이 때문에 은행권은 리스크가 높아진 기업 대출을 당장 늘릴 수 없어 가계 대출을 줄이는 방식으로 비중을 조절할 수밖에 없을 것이다. 가계 대출을 무작위적으로 해주는 상황을 이제 기대할 수 없다. 새로운 금융 환경에 적응할 수밖에 없는 것이다. 즉 대출 확대를 통한 부동산 상승이 가능했던 예전과 같은 시대는 없을 것으로 판단하고 시장에 대처해야 한다.

인구 변화에 따른 패러다임 변화는 불가피하다

통계청이 2022년 2월 23일 〈2021년 인구 동향 조사 출생·사망 통계(잠정)〉를 발표했다. 발표 내용을 보면 출생아 수는 26만 500명으로, 전년 대비 1만 1,800명(-4.3%) 감소했다. 반면 사망자 수는 31만 7,800명으로, 자연 증가(출생-사망)는 −5만 7,300명을 기록하여 심각한 인구 감소가 이미 시작되고 있음을 알 수 있었다.

특히 30~59세 핵심 주택 구매 연령이 2020년 2,400만 명에서 2030년에는 2,200만 명, 2040년에는 1,910만 명으로 예측됐는데, 핵심 인구가 급격히 감소(21%)할 것으로 전망된다. 이는 향후 주택 시장 조정의 강력한 원인이 될 것이다.

두 번째로 학생 인구수 추이 변화로 인해 향후 학교 관련 부동산 시

한국 연령별 인구 추이

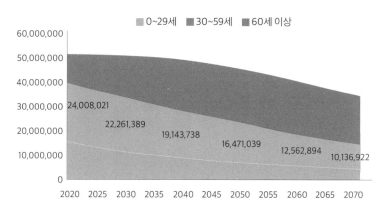

■ 0~29세 ■ 30~59세 ■ 60세 이상

24,008,021
22,261,389
19,143,738
16,471,039
12,562,894
10,136,922

30~59세 핵심 주택 구매 연령대의 감소

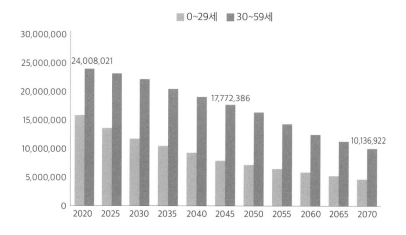

■ 0~29세 ■ 30~59세

24,008,021
17,772,386
10,136,922

장(학교, 학교 상권, 인근 주택 수요, 기숙사, 원룸 등)도 급격한 양극화 현상이

빚어질 것임을 시사하고 있다. 학교 인근의 원룸 등 주택은 학생 수와

학교 연령별 인구 추이

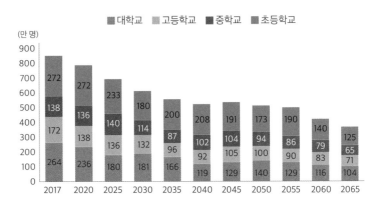

비례하는데 학생 수 감소에 따른 공실의 증가는 주택 수요로 전환될 수밖에 없고 이는 곧 주택 공급 요인으로 작용하여 주택 가격 하방 요인 중 하나로 가세하게 될 것이다.

학생 연령별 인구 추이를 보면 대학 입학 인원, 즉 수능 응시 가능자 수가 1990년대에는 100만 명대였다. 그러나 실제 응시자 수는 1995년 75만 명, 2000년 86만 명, 2005년 58만 명, 2010년에는 65만 명, 2015년에는 60만 명, 2020년 49만 명으로 30년 만에 절반으로 급감하였다. 2021년 수능 응시자 수는 42만 6,000명으로 1990년 대비 60% 가까이 감소하였다. 이러한 추세라면 2027년부터는 30만 명대로 주저앉게 될 것으로 전망되고 있다.

대학 정원 수요 부족으로 학교 운영 및 재정 문제, 대학 입학 및 학원 사업, 학교 인근 상권 가치 하락은 불가피하다고 보는 것이 합리적 판단이다. 세계 최하위 출산율의 결과는 암울한 미래를 보여준다.

부동산 가격 하락 전망은 현대인의 라이프스타일 변화에서도 이유를 찾을 수 있겠지만, 일부 주택 투기 세력과 과도한 건설 기업 편향적 주택 정책으로 인한 가격 거품도 중요한 원인으로 지적된다. 대한민국의 인구 감소가 심각한 사회 문제로 등장하면서 그동안 투기의 대상으로만 여기던 부동산에도 영향을 미칠 수밖에 없게 되었다.

1인 가구의 증가와 4인 이상 가구의 감소 흐름 주시해야

다음 페이지 그림을 통해 가구 구성 인원별 향후 변화 추이를 살펴보자. 이 그래프를 보면 1·2인 가구의 증가만 나타나고 3인 이상 가구는 감소하는 추세이다. 2021년 통계청 집계 기준 전체 가구는 2,145만 가구이고 1인 가구는 716만 6,000가구이다. 1인 가구는 전국적으로 33.4% 비율이고 서울은 약 37%에 이른다. 전국 1인 가구의 80%가 연 3,000만 원 이하 소득이어서 실제 주택 유효 수요는 나머지 20%인 160만 가구이며 이 가구가 잠재 주택 수요로 추산된다. 서울의 경우 추산하면 33~40만 가구이지만, 서울 주택 가격이 높아 실제 최대 잠재 수요는 20~25만 가구로 추산된다. 서울의 1인 가구의 평균 소득은 219만 원인 것으로 나타났는데, 2022년 5월 10일 서울시가 발표한 자료를 보면 현재 서울 1인 가구의 28.8%가 자가 보유 중

2020~2050년도 가구원 수별 가구 구성비 추이

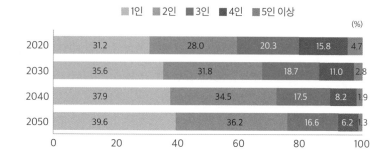

자료: 통계청

2022년 서울 1인 가구 주거 형태

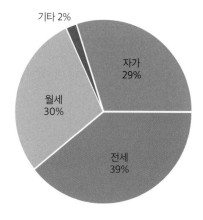

자료: 〈서울시 1인 주거 실태 조사〉, 2022.5.10.

인 것으로 드러났다. 즉 현시점에서 볼 때 1인 가구의 주택 수요는 현재 주택 가격 상황에서는 거의 영향력이 없다. 이를 통해 주택 가격의 조정을 예상할 수 있다.

부동산 가격 상승을 주장하는 논리는 가구 수 증가가 인구 감소를 상쇄한다는 것이다. 그러나 필자의 조사에 따르면 가구 수 증가가 부동산 가격 상승 요인이 되기에는 영향력이 미미하다. 주택 가격이 하향 조정이 되었을 경우 1인 가구의 주택 가능 수요와의 거래가 가능한 균형점이 나타날 것이다. 오히려 전체적인 주택 구매 핵심 연령이 중장기적으로 감소하고 있어 부동산 시장은 전체적으로 하방성을 보일 것이고 국지적·차별적·선택적 시장으로 세분화될 것이다.

결론적으로 향후 몇 년간은 부동산 시장의 큰 조정장이 올 것이 확실한 상황이다. 정부의 현재 공급 계획이 지연되지 않는 한 시장은 약 30% 전후의 가격 조정이 있을 것으로 예측된다. 무주택자, 유주택자, 다주택자 모두 자산 관리에 심혈을 기울여 관리해야 하는 시기를 맞았다. 다주택자라면 현재 부동산의 가치에 자본 환원율($P=R/i$)을 대입해서 정확한 상황을 파악하고 대처해야 한다. 무주택자라면 사전 청약을 통해 기회를 확보한 뒤 지역 상황에 맞는 적정한 가격인지 기존 주택의 조정 가능한 가격과 비교해보고 원리금 상환에 부담이 되지 않는 선에서 현명하게 대처해야 한다. 조급하게 움직일 시장 상황은 아니다.

마지막으로, 모쪼록 국민 모두에게 적정한 주택 가격의 정상화가 이루어지고 이후 정상적인 거래가 이루어질 수 있는 합리적 시장이 형성되기를 바란다.

6장

김현욱

국제정치 학자이다. 현재 국립외교원 교수 및 미주연구부장으로 재직 중이다. 연구 분야는 한·미 동맹, 북·미 관계, 동북아 안보 등이다. 그는 국가안보실 자문위원, 통일부 자문위원, 해군사관학교 명예연구위원 등을 역임했으며, 합동참모본부 정책자문위원, 민주평화통일자문회의 상임위원, KBS 객원 해설위원 등으로 활동하고 있다. 미국 UC 샌디에이고, 조지워싱턴대학교 등에서 방문교수로 연구했다. 연세대학교 정치외교학과를 졸업하고 브라운대학교에서 정치학 박사를 취득하였으며, 이후 서던캘리포니아대학교에서 포스닥으로 일했다.

세계화의 위기와
미·중 경쟁,
그리고 한국의 선택

중국의 GDP가 미국을 추월하더라도 미·중 간 격차는 크지 않은 채 지속될 것이며, 미국이 재차 중국 GDP를 추월할 것이라는 예측도 나오고 있다. 이러한 미·중 경쟁은 향후 30~50년 간 지속될 것으로 예상된다. 한국과 같은 매우 불리한 지정학적 위치를 가지고 있는 나라에는 저주와도 같은 얘기다.

more
dangerous
future

01
세계화의 위기?
다시 한번 국제 질서가
바뀐다

최근 국제 정세가 요동치고 있다. 1980년대부터 틀이 잡힌 국가 간의 교류 증가와 세계화 추세가 혼란에 빠지기 시작하고 있다.

첫 번째 이유는 미·중 경쟁의 심화이다. 2008년 글로벌 금융위기는 미국의 국력 약화를 가속화하는 중요한 계기가 되었으며, 상대적으로 중국은 글로벌 패권 국가로 거듭나기 시작했다. 시진핑 정부 들어 중국은 글로벌 강대국으로서 갖추어야 할 다양한 실질적인 조치를 하기 시작했는데, 소위 중국 중심의 국제 질서 구축이었다. 위안화 사용 증가, 중국 중심의 무역 질서 구축, 일대일로一帶一路 프로젝트 등이 그것이다. 트럼프 정부 들어서 미국은 중국 견제로 대중국 정책을 전환했으며, 이를 위해 미·중 간 디커플링(탈동조화)을 꾀했다. 이러한 정책은 현 바이든 행정부 들어 점점 더 세밀하게 추진되고 있다. 미·중 간 디커플링 현상은 세계화로 정착된 국제무역 질서를 혼란에 빠뜨리고 있다.

두 번째 이유는 코로나19 바이러스COVID-19이다. 새로운 비전통 안보 위협의 등장으로 세계는 절연의 단계를 더욱 높이게 되었다. 전 세계의 이동이 끊어졌으며, 많은 기업이 경제적으로 어려움을 겪게 되었다. 특히 세계의 공장과 시장 역할을 해왔던 중국은 아직도 봉쇄lockdown에서 벗어나지 못하고 있다. 이로 인해 세계 공급망의 혼란과 세계화의 약화가 진행되고 있다.

마지막은 우크라이나 전쟁이다. 전쟁은 서구 국가들에 대러시아 제재를 감행하도록 만들었으며, 이는 중·러 대(vs.) 서구 국가들이라는 블록화 현상을 만들어내고 있다. 경제적 상호 의존성이 낮았던 냉전 시대와 달리 현재의 블록화 현상은 경제적 디커플링을 불러오며 이는 각국의 경제적 손실로 이어진다. 안보 정책적 대치 상태는 전 세계의 경제적 혼란으로 이어진다.

오늘날 세계화의 의미란

그렇다면 세계화란 무엇인가? 세계화란 국제정치의 다양한 분야와 결부되어 있다. 즉 세계화로 인해 독재 국가의 민주화가 촉진될 수도 있으며, 전쟁이 예방될 수도 있고 전쟁이 더욱 촉발될 수도 있다. 또한 세계화로 인해 많은 국가와 시민들이 공통된 문화를 소유할 수도 있으나, 동시에 민족 분규가 표면 위로 떠오를 수도 있다. 따라서 세계화에는 다양한 측면이 존재하고 있으며 이에 대해 하나의 통일된 정의를 내리기가 쉽지 않다.[1] 예를 들어 데이비드 헬드를 비롯한 여러 학자는 세계화의 일반론적인 측면을 강조하며, "연결 네트워크의 등장과 강화를 통한 세계적 차원의 거리 단축"[2]이라 정의하였다. 또한 나이리 우즈는 세계화의 경제적 측면을 강조하면서 "국경을 넘나드는 교역, 자본 이동, 투자, 인적 교류의 증가"[3]로 세계화를 규정했다. 코헤인과 나이는 더욱 포괄적인 세계화를 규정하면서, 이를 "환경과 생물학적으로 연관 있는 물질을 비롯한 자본과 상품, 정보와 생각, 인간과 인간의 영향력이 여러 대륙에 걸쳐 상호 의존하는 네트워크가 있는 세계의 상태"[4]라고 정의했다.

그렇다면 세계화가 등장하기 이전에는 어떠했는가? 세계화가 이뤄지기 이전의 국제사회는 아무런 교류가 없었는가? 1980년대 세계화 현상이 나타나기 이전의 국제사회는 상호 의존의 시기를 겪었다. 상호 의존interdependence은 국가 또는 사회와 같은 개별 주체 사이에 민감함sensitivity과 취약함vulnerability이 커지는 것을 의미한다.

예를 들어 한 국가는 유가 상승과 같은 외부 요인에 민감하거나 취약할 수 있다. 민감성은 기존 정책의 틀 내에서 국가가 외부 요인으로부터 받는 영향력으로 정의될 수 있다. 일례로 유가 상승이라는 외부 요인이 생겼을 때, 국가는 이에 대처할 새로운 정책을 입안하기에는 몇 년의 시간이 걸리므로, 현 정책으로는 유가 상승에 민감할 수밖에 없다. 취약함은 정책의 틀이 바뀐 이후 국가가 외부 요인으로부터 받는 영향이다. 유가 상승이 일어나고 이로 인해 새로운 정책이 추진되었지만, 여전히 유가 상승에 대해 완전하게 대응하지 못하는 경우가 생기게 된다. 이것이 취약성이다.[5] 상호 의존은 이러한 민감성과 취약성이 국가 간에 점차 증가하는 현상을 의미하는 것이다.

그렇다면 상호 의존과 세계화 사이에는 어떤 차이점이 존재하는가? 상호 의존은 국가적 상호 의존state interdependence과 사회적 상호 의존societal interdependence의 두 가지로 구분될 수 있다. 우리가 세계화와 비교하여 '상호 의존'이라는 개념을 이야기할 때 대개는 국가의 활동이 사회 발전에 의존하는 사회적 상호 의존을 의미한다. 따라서 상호 의존은 둘 혹은 그 이상의 국제적 주체의 '상호 관계'로 개념화된다. 이에 비해 세계화는 여러 주체의 병합merging을 의미한다. 리처드 쿠퍼의 말처럼 경제적 세계화의 과정은 "구매자와 판매자가 자유롭게 소통하여 같은 상품의 가격이 쉽고 빠른 조정을 통해 같아지는"[6] 하나로 통합된 세계 시장으로의 이행을 보여준다.

또 다른 차이는 '상태condition'로 여겨지는 상호 의존과 달리 세계화는 하나로 통합된 글로벌 사회로 전환해 가는 '과정process'으로 묘사된다는 것이다. 즉 상호 의존은 여러 국가가 외부의 사건에 대해 어떤 식으로 대응하고 있느냐를 나타내며, 이러한 각기 다른 대응으로 인해 여러 국가가 서로 의존하고 있는 상태를 나타내는 용어이다. 이에 비해 세계화는 국민 사회의 중요성을 경감시키고 국내-외국 간 관계의 경계를 불분명하게 하는 과정으로,[7] 기술과 정치적 결정이라는 두 가지 주요 요소로 인해 발생한다. 흔히들 얘기하듯 정보통신 기술의 신속한 발전은 전 세계를 하나로 묶고 있으며, 지난 10년간의 발전을 되돌아보면 세계화의 과정이 얼마나 빠르게 진행되고 있는지 인지할 수 있다. 세계화는 또한 정치적 결정에 의해서도 좌지우지될 수 있는데, 자본 통제 정책을 폐기하고 자본시장 규제를 완화하는 미국의 결정은 세계화에 이바지하는 정치적 결정의 좋은 예에 해당된다.

그러면 세계화를 구성하는 요소들은 무엇인가? 세 가지 상호 연결된 요소가 있는데, 그것은 네트워크의 밀도network density, 시장의 확대 market expansion, 국가에 대한 도전challenges to the states의 출현이다. 첫 번째 요소인 네트워크 밀도는 세계화의 밀집이 증가함을 뜻한다. 여기서 밀집이란 상호 의존하는 서로 다른 관계가 더 많은 지점points에서 더 깊숙이 교차한다는 것을 의미한다. 네트워크의 밀집으로 지리적으로 어느 한 지역에서 발생한 사건은 다른 지역에 심각한 영향을 미칠 수 있

다.[8] 이는 지구상의 거리가 전보다 훨씬 좁아졌음을 의미한다.

두 번째 요소는 시장 확대이다. 기술 발전으로 생산·무역·금융 분야에서 국경을 넘나드는 네트워크가 구축되어 그 결과 활동 무대를 전 세계로 넓힐 수 있는 다국적 기업이 탄생했다. 무엇보다 경제적인 요소를 등한시하고서는 세계화를 설명하기 힘들다. 세계화는 전 세계적으로 거래되는 상품의 양을 늘리고 서비스 속도를 업그레이드한 것이다.[9] 따라서 국내에만 한정되었던 시장이 해외로 확대되었고, 더 이상 국내와 해외의 구분이 없는 판매 시장이 형성된 것이다.

세 번째 요소는 국가 체제에 대한 도전이다. 인권, 기후변화, 핵 안전성 등의 여러 세계적 이슈의 등장으로 여러 국가는 지역적 혹은 지구적 차원에서 공조할 수밖에 없게 되었다. 과거 부시 정부는 핵 테러 대응 정책의 일환으로 미국의 일방적인 힘을 강조했으며, 이는 세계화된 오늘날의 국제사회에서는 수용되지 못하는 정책이었다. 또한 비국가적 주체들이 새로 등장하여 국가는 다양한 주체와 서로 영향을 주고받게 되었다. 오늘날 흔히 발생하는 국가와 기업체 간의 양해 각서 체결은 이러한 현상을 잘 설명해주는 예가 될 수 있다. 이제 이러한 세계화의 추세가 어떤 이유로, 어떤 양상으로 방해받고 있는지에 대해 살펴보기로 하겠다.

02
국제 정치의
중대한 위기들

코로나19: 국가 중심주의 강화와 세계화의 퇴조

　냉전 종식, 세계화, 정보화 등 국제 질서의 변화 요인은 안보 위협 원인을 다양하게 만들기 시작했다. 배리 부잔Barry Buzan은 냉전 이후 안보 대상의 다양화 및 안보 영역의 확대 현상으로 인해 비전통적·비군사적 이슈들이 국제 관계에서 점점 더 비중을 차지하게 되었다고 언급한 바 있다.[10] 2001년 9·11 테러로 글로벌 테러리즘이 부각된 이후 사이버 테러의 위험이 두드러졌으며, 21세기 지구촌은 기후변화, 식량난, 난민, 감염병 등 비전통 안보 위협에 휩싸이기 시작했다. 급기야 2020년 코로나19 바이러스로 인한 비전통 안보 위협이 전쟁보다 더 심각한 위협을 주는 상황에 다다랐다.

　중국 우한에서 처음 발원한 코로나19 바이러스는 국제정치의 지형을 크게 바꾸기 시작했다. 미국 내에서는 코로나19가 탈냉전 이후 국제정치 지형을 변화시킨 세 번의 중대한 위기critical juncture에 속한다는 말이 나오고 있다. 즉 2001년 9·11 테러, 2008년 글로벌 금융위기에 이은 세 번째 위기라는 것이다. 그러나 이번 코로나19는 기존에 미국을 흔들었던 사건들과는 다르다. 9·11 테러와 2008년 글로벌 금융위기는 주로 미국 및 서구 사회에만 국한되었던 위협이었다. 2008년 글로벌 금융위기 이후 중국의 부상은 가속화되었고 미국의 경제적 쇠퇴는 가시화되었는데, 이는 금융위기의 여파가 중국에까지 미치지 않았기 때문이다. 그러나 코로나19 사태는 전 세계에 큰 타격을 주었다. 중국도 예외는 아니다. 비전통 안보 위협이 기존 군사적 안보 위협보다 더 큰 사상자를 만들어내었다. 향후 국제 정세의 방향성 또한 매우 불확실한 상황이다.

코로나19 이후 국제사회의 가장 큰 변화는 국가 중심주의nationalism의 강화이다. 코로나19 바이러스는 많은 국가로 하여금 위기를 극복하기 위해 국가의 권한을 강화하게 했다. 질병으로 인한 경제적 피해가 커지고 사회적으로도 불안감이 폭등하면서 국민은 어쩔 수 없이 국가의 대응 능력에 의존하게 되었다. 기존 세계화의 견인차 역할을 했던 비국가 단체들의 역할보다 자국 정부의 역할이 중요하게 여겨지기 시작했다.

이 같은 현상은 민주주의 대 권위주의 논쟁을 일으켰다. 21세기 새로운 위기가 등장하고 만연한 시기에 어느 정치 체제가 더 효율적이냐는 논쟁이다. 권위주의 체제인 중국은 코로나19 사태에 대한 효율적인 대응으로 위기를 조기에 종식시키는 듯했다. 물론 그 과정에서 많은 희생자를 남겼다. 현재는 잠잠해졌지만, 코로나19 위기 상황 당시 의사 리원량의 죽음으로 촉발되었던 비판적 민심은 이것이 제2의 천안문 사태로 이어질 것이라는 우려를 낳기도 했다. 그리고 위기를 숨기기 위한 공산당 정권의 행동은 많은 중국 국민의 비판을 불러일으켰다. 그럼에도 코로나19라는 큰 위기를 극복할 수 있는 공산당 체제에 대한 중국 국민의 의존도는 여전히 지속되었다.

이에 반해 민주주의 체제의 코로나19 대응은 형편없었다는 비판을 받았다. 특히 미국이 보여준 대응 능력은 초라했다. 코로나19 사태 초기에 상황의 엄중함을 외면한 트럼프 대통령의 대응 방식이 비판받았다. 한편으로는 팬데믹 전문가들의 조언을 무시하고 미국이 쌓아온 관료제의 전문성을 무시한 트럼프 대통령의 대응 방식은 미국의 민주주의 체제와는 무관하다는 견해 또한 존재한다. 즉 트럼프가 아니었다면 이렇게 대응하지 않았을 거란 주장이다.

그렇지만 '자유'라는 가치 아래 국가의 간섭을 불쾌하게 여기는 미국 국민의 태도 역시 문제로 지적되었다. 개인의 자유라는 이유로 타인의 보건을 침해하는 행위는 미국식 가치에 기반한 민주주의의 문제점 중 하나로 지목되었다. 이런 와중에 코로나19 사태를 잘 극복한 아시아 국가들(한국, 대만, 홍콩 등)이 주목을 받았다. 이들 국가는 민주주의를 자국의 유교주의 문화와 접목한 국가들이며, 맹목적인 권위에 반발하지만 국가의 합리적 개입에는 순응하는 특성을 보인다. 이러한 국가 체제의 특성 역시 이번 코로나19 사태 이후 주목받는 부분이다. 결국 국가 중심주의는 세계화의 퇴조를 동반하고 있다.

코로나 사태 이후 세계의 공장이었던 중국의 기능이 약화되고 있다. 노동력 가격의 상승으로 인해 중국은 이미 세계의 공장 기능을 잃어가는 상황이었다. 이번 코로나19 사태로 인해 중국의 공장은 문을 닫게 되었으며 이로 인해 글로벌 공급망global supply chain은 붕괴하게 되었다. 이뿐만이 아니다. 국가 간의 이동이 금지되면서 글로벌 수요 창출도 모두 중단되었다. 즉 수요와 공급 측면에서 세계화의 퇴조 현상이 시작된 것이다.

이 같은 세계화 퇴조 현상은 이미 글로벌 트렌드였다. 2008년 글로벌 금융위기 이후 경제 악화로 전 세계는 양극화 현상을 겪었으며, 그 결과 자국 우선주의 현상이 이미 풍미하기 시작했다. 코로나 사태는 이러한 자국 우선주의 현상을 강화시키고 있으며, 국가 간 갈등을 부추기는 요인이 되고 있다. 동시에 이러한 글로벌 위기에 대한 국가 중심 대처의 한계는 향후 국가의 권능을 나누어 가지는 지구 거버넌스가 출현해야 된다는 주장까지도 불러오고 있다.[11]

아프간 철군과 미국의 패권 쇠락

2021년 5월 3일 미국은 아프가니스탄에서 미군 철수를 시작했다. 2001년 9·11 테러 이후 시작된 아프가니스탄 전쟁이 20년 만에 끝이 났다. 3개월이 지난 2021년 8월 15일 아프가니스탄 정부는 이슬람 무장 세력 탈레반에게 정권 이양을 공식화했으며, 미국 대사관 역시 전원 철수를 결정했다. 아프가니스탄 수도 카불은 탈레반에게 점령되었으며, 카불 공항은 아프간을 탈출하기 위한 사람들로 아수라장이 되어버렸다.

아프가니스탄은 역사적으로 중앙아시아와 중동을 잇는 지정학적 요충지였으며, 강대국들이 탐을 내는 곳이었다. 19세기 말 제정 러시아의 남하 정책과 대영 제국의 인도 방어가 맞물린 지역이었다. 영국과의 전쟁을 겪고 1919년 독립을 얻어냈지만, 내부적 불안이 심각했으며 이는 결국 소련의 영향력 확대로 이어졌다. 1979년 소련은 아프가니스탄에 대한 무력 개입을 시작했다. 2001년 9·11 테러 이후 미국은 테러의 주모자인 오사마 빈 라덴과 알카에다, 그리고 이와 연합한 탈레반들에 대해 전쟁을 시작했다. 2011년 오사마 빈 라덴의 사살 이후 오바마 대통령은 아프가니스탄 철군을 보류했지만, 바이든 대통령은 미군 병력의 완전한 철군 의지를 분명히 했고 결국 철군을 단행하게 되었다.

미국이 아프가니스탄에서 철군하게 된 첫 번째 이유는 비용이 너무나 많이 들었기 때문이다. 미국은 20년간 2조 달러 이상의 전쟁 비용을 쏟아부었으며, 2,000명이 넘는 미군이 사망하며 희생됐다. 미국은 9·11 테러의 원인이었던 알카에다를 파괴하고 빈 라덴을 사살하기 위해 아프가니스탄 전쟁을 시작했지만, 빈 라덴 사살 이후 아프간 국가 건설을 전쟁 목표로 조정했으며 이후 전쟁을 20년간이나 지속시켜왔다.

미국의 GDP는 현재 국제사회의 25% 정도이다. 이는 냉전 시대 42%와 비교하면 매우 작은 규모이다. 미국이 냉전 시대 나토, 일본, 한국 등에 독자적으로 경제·군수 지원을 했던 것에 비하면 현재 미국의 능력은 쇠락한 상태이다. 지금 미국 내에서는 미국의 패권국 지위 유지에 대해서도 논쟁이 일고 있는데, 대부분의 학자가 미국의 패권국 지위에 지지 입장을 보이는 반면, 일부 현실주의자들은 미국의 패권국 지위 유지가 매우 고비용costly이라면서, 미국의 국익을 중심으로 대외 정책의 방향을 변경해야 한다고 주장하고 있다.[12]

실제 미국의 〈국가 안보 전략서NSS〉는 수행 가능한 전쟁 전략을 변경시켜왔는데, 두 개의 전쟁이 진행 중이던 부시 정부의 〈국가 안보 전략서〉에서는 2개의 전쟁 동시 수행을, 이후 오바마 행정부 시절에는 1개 반의 전쟁을, 트럼프 행정부에서는 1개 전쟁 수행을 명시했다. 트럼프 행정부의 〈국가 안보 전략서〉가 명기하는 1개 전쟁은 중국과의 전쟁을 의미하는 것이며, 이에 집중하기 위해 아프가니스탄과의 전쟁은 조기에 종식되어야 할 운명에 처했었다. 실제 트럼프 행정부는

2020년 2월 29일 미군 철군과 관련하여 탈레반과 평화 회담을 열고 철군 조건에 대해 합의하기도 하였다.

철군의 두 번째 이유는 역시 중국이다. 현재 미국은 중국에 대한 군사적 우위 확보를 위해 군사 전략을 개발 중이다. 오바마 행정부 시절 군사 전략은 공·해군 중심의 공·해 전투AirSea Battle(2009) 개념이 었다. 중국의 반反접근 지역 거부 전략Anti-Access/Area-Denial, A2AD에 대응하여 적의 주요 군사 시설 파괴를 목적으로 하는 전략이었다. 이후 세일 가스 혁명과 미국 경제 활성화로 인해 JAM-GCJoint Concept for Access and Maneuver in Global Commons(2015) 전략으로 재편성하게 된다. 트럼프 행

미군 철수 후 아프가니스탄을 점령한 탈레반

자료: 연합뉴스

정부 들어서 육군의 역할이 강화된 합동 전투 수행 개념Joint War fighting Concept이 강화되었는데, 육군력을 추가한 통합군 체제를 통해 전투의 효율성을 재고하기 위함Joint War fighting Effectiveness in a Contested Environment 이다. 당시 미 의회에서는 중국을 겨냥한 억지력 강화 차원의 입법이 추진되었으며, 트럼프 행정부는 중국을 겨냥한 미군 재편성global force realignment을 추진하기 시작했다.

아프간 철군에 대한 국제사회의 반응은 크게 두 가지 종류였다. 첫 번째는 미국과 동맹 관계를 맺고 있는 국가들의 불안함이다. 미국의 아프가니스탄 철군 당시에 대만 내부에서는 이미 미국의 대만에 대한 안보 제공의 신뢰도에 의문을 제기하기 시작하였다. 미국 자국의 이익을 중심으로 하는 정책은 결국 동맹국들에 대한 방기abandonment로 이어질 수 있다는 우려감이었다. 미국 인도·태평양 사령부는 7~8년 이후 중국의 대만 무력 침공 가능성을 전망하고 있었으며, 이 경우 미국이 개입해야 하는지, 또 개입했을 경우 중국과의 확전에서 승리할 수 있을지 등에 대한 논의가 일고 있었다. 즉 과거와 같은 패권 능력과 군사력을 보유하고 있지 않은 미국은 중국과의 전쟁에 대한 승리를 확신하지 못하고 있었으며, 만일 미국의 대만 개입이 이루어지지 못할 경우 대만은 아프가니스탄과 같은 결과를 낳을 수 있다는 우려감이 존재했던 것이다.

일본도 마찬가지였다. 이미 일본은 평화 헌법으로 인한 안보 불안감이 내재해 있는데, 냉전 종식 이후 걸프전 참전에도 불구하고 국제

사회의 비판이 고조되자 일본은 헌법 개정에 박차를 가하기 시작했다. 또한 중국 부상과 미국의 국력 하락으로 일본의 안보 불안감은 더욱더 고조되고 있으며, 이로 인해 인도·태평양 전략의 아이디어를 미국에 전달하고 아시아 지역에 대한 유럽 국가들의 개입을 이끌어내고 있다. 즉 자국의 안보 불안감을 해결하기 위해 다자주의 안보 체계를 형성하는 전략을 취하고 있는 것이다. 미국의 아프간 철군으로 인해 일본은 자국의 안보 불안감 해소를 위한 외교안보 정책의 변화를 적극적으로 추진하고 있다.

두 번째 반응은, 미국의 아프가니스탄 철군은 결국 아프가니스탄 정부가 초래한 것이라는 견해이다. 20년간 미국이 2조 달러 이상의 재원을 퍼부으며 아프가니스탄 안정화에 노력했으나, 아프가니스탄 정부는 부정부패로 인해 자국의 안정화에 기여하지 못했다. 따라서 미국의 아프간 철군은 동맹국에 대한 방기abandonment가 아니라는 견해이다. 오히려 아프가니스탄 철군으로 인해 아시아 지역 동맹국들의 경우는 '연루entrapment'에 대한 우려가 커지고 있다. 즉 미국이 중국 견제쪽으로 외교안보 정책의 방향을 틀면서 이 지역의 동맹국들은 미국의 중국 견제에 동참해야 한다는 부담감이 늘어날 것이기 때문이다.

한편 아프가니스탄 철군으로 인해 중국은 아프가니스탄에 거주하고 있는 동투르키스탄 이슬람 운동East Turkestan Islamic Movement, ETIM에 대한 우려를 갖기 시작했다. ETIM은 1970년대 신장 위구르족 자치구에서 결성된 위구르족 독립운동 단체이다. 이후 위구르족이 아프가니스탄으로 이동했으며, 그곳을 근거지로 활동에 나서기 시작했다. 이들은 탈레반 정권의 지원을 받으며 중국 내부에서 테러 행위 등을 단행했다. 그 이후 2001년 미국의 아프가니스탄 침공으로 인해 ETIM 역시 위기에 빠지게 되었다. 그러나 수감에서 풀려난 이후 유럽을 거쳐 중동, 중국 등지로 옮겨 활동을 재개하다가 IS가 붕괴하면서 아프가니스탄으로 다시 돌아왔다.

추후 탈레반이 점령한 아프가니스탄에서 ETIM이 재차 세력을 얻게 되면 중국으로서는 난감한 상태가 된다. 탈레반과 위구르족은 모두 수니파여서 동질감이 강하다. 탈레반이 신장 위구르족 자치구 분리독립 운동을 지원할 것이라는 전망이 나오고 있다. 현재 중국은 탈레반의 정통성을 인정하면서 신장 문제에 개입하지 말라고 요구할 것으로 보이지만, 탈레반이 이를 받아들일지는 미지수이다.

중국은 이러한 탈레반을 달래기 위해 향후 아프가니스탄에 대한 경제 지원을 추진할 것으로 보인다. 탈레반 역시 국가 재건 사업에 대한 중국의 투자를 원하고 있다. 향후 아프가니스탄에 대한 중국의 정책이 이러한 경제 협력 중심의 정책으로 이어질지, 아니면 더 나아가 미국이 빠진 공백을 메우는 정치·군사적 영향력 확대로 이어질지 주목할 필요가 있다. 현재 아프가니스탄에는 3조 달러 규모의 희토류가 매장되어 있으며, 중국은 희토류 개발과 관련하여 아프가니스탄과 경제 협력 역시 논의 중이다.

우크라이나 전쟁이 불러온 대혼란

소련 붕괴 이후 미국은 나토North Atlantic Treaty Organization, NATO 개방 원칙에 기반하여 나토를 확장하기 시작했으며, 다수의 동유럽 국가들을 나토에 가입시켰다. 계속되는 나토 확장은 러시아에 안보 위기와 체제 위협을 가져다주었다. 2008년 나토 정상 회의 이후 우크라이나의 나토 가입 논의가 본격화되자, 러시아는 2014년 크림반도를 합병하였다. 푸틴의 입장에서 구소련 영토이자 러시아의 앞마당인 우크라이나의 나토 가입은 허용할 수 없는 레드 라인이었다. 또한 푸틴은 친러 성향의 분리주의자들을 동원하여 돈바스 전쟁을 일으켰으며, 우크라이나의 나토 가입을 방해하려 하였다. 이후 우크라이나 동부 지역의 평화를 위해 맺어진 2014년, 2015년도 민스크 협정이 모두 제대로 지켜지지 않자, 협정에 불만을 품은 우크라이나는 러시아와의 갈등을 지속했으며, 우크라이나와 나토와의 관계는 점차 가까워졌다. 2020년에 나토는 우크라이나에 '향상된 기회의 파트너Enhanced Opportunities Partner, EOP' 지위를 부여하였다. 이후 2021년 말, 러시아와 서방 국가들 간의 긴장이 고조되었고, 러시아는 2022년 1월에 우크라이나와의 접경 지역에 대규모의 병력을 전개하였다. 그리고 2022년 2월 24일 결국 푸틴의 러시아는 우크라이나를 침공하였다.

우크라이나 전쟁 이후 나토 국가들의 단합이 이루어지기 시작했다. 핀란드와 스웨덴은 나토에 가입을 신청했다. 바이든 행정부는 민주주의 가치를 중심으로 동맹국과 파트너 국가들을 규합하기 시작했으며, 러시아의 우크라이나 침공은 이를 위한 중요한 동력을 제공하였다. 미국과 나토 국가들은 대러 경제 제재를 단행하기 시작했으며, 독일 등 EU 국가들은 러시아산 원유와 가스에 대한 의존도를 줄여나가기 시작했다.

그러나 이 같은 경제 디커플링은 공급망의 교란을 가져오기 시작했으며, 대부분의 국가가 경제적 어려움을 겪기 시작하고 있다. 독일은 러시아산 가스 수입이 중단되면서 가스 요금이 50% 인상되었다. 또한 전 세계 밀 수출의 10%를 차지하고 있는 우크라이나의 밀 공급이 끊어지면서 우크라이나의 곡물에 대한 의존도가 높은 중동, 북아프리카 국가들은 식량 위기를 겪게 되었다. 대러시아 경제 제재로 인해 지금까지 형성되어 있던 세계화와 경제적 상호 의존에 혼란이 생기기 시작한 것이다.

러시아의 우크라이나 침공은 나토의 동진으로 인해 자국의 안보가 위협당하고 있다는 러시아의 위기감으로 발생한 것이겠지만, 푸틴의 우크라이나 침공을 가능하게 했던 것은 결국 미국의 힘이 이전과는 다르다는 사실에 있다. 이미 2008년 글로벌 금융위기 이후 미국의 패권은 줄어들기 시작했다. 트럼프 정부는 이러한 미국의 글로벌 패권에 대해 국제사회로부터 비용을 요구하기 시작했다. 미국 내 다양한 현실주의 학자들은 이제 미국의 국력이 과거와 달리 줄어든 상황에서 미국의 이익을 중시하는 정책으로 나아가야 한다는 의견들을 피력하

기 시작했다. 즉 과거 미국이 누리던 자유주의 국제 질서를 유지하는
데 드는 비용이 너무 크기 때문에 미국의 패권국 지위보다 미국의 협
소한 이익이 더 중요하다는 내용이다. 푸틴의 우크라이나 침공은 미국
중심으로 유지되던 국제적 규범에 금이 가기 시작했다는 것을 잘 보여
준다. 즉 미국이라는 패권국 중심으로 유지되던 국가 주권 개념이 이
제 취약해졌다는 것이다.

실제로 우크라이나 전쟁에 대한 미국의 불참은 패권 쇠퇴로 인해
미국의 국방 전략이 변했기 때문이다. 조지 부시 정부 당시 미국의 국
방 전략은 2개의 전쟁을 동시에 수행한다는 것이었으며, 실제로 당시
미국은 이라크전과 아프가니스탄전에 참여하고 있었다. 이후 2008년
도 글로벌 금융위기 이후 오바마 행정부 당시 미국의 국방 전략은 한
개의 전쟁 수행과 다른 한 곳의 분쟁에서 억지력 투입이었다. 미국은
2개의 전쟁을 동시에 수행하기 어려울 정도로 국방비를 줄여나가야
했다. 이후 트럼프 행정부의 국방 전략은 단 한 개의 전쟁만을 수행한
다는 것으로 변화하였다. 이는 중국과의 전쟁을 의미하며, 대만 해협
에서의 무력 충돌을 의미하는 것이었다. 미국의 현 국방 전략으로 볼
때 미국은 우크라이나 전쟁에 참전할 수 없는 상황이었다.

푸틴의 핵 도발, 한국을 비롯 아시아의 안보를 뒤흔들다

이번 우크라이나전에서 특이한 점은 러시아의 핵 사용 가능성이었다. 이는 그동안 금기시되어왔던 전략 핵무기strategic nuclear weapons의 범주에서 벗어나 실질적으로 사용이 가능한 전술 핵무기tactical nuclear weapons의 본격적인 등장을 의미한다. 러시아는 2020년 〈핵 억지에 대한 러시아 정책의 기본 원칙〉에서 핵 사용에 대한 기본적 원칙을 제시하였으며, 러시아 존립에 위기가 올 경우 재래식 무기에 의한 공격에 대해서도 핵을 사용할 수 있다고 언급하였다.[13]

이미 2018년 미국 〈핵 태세 검토 보고서nuclear posture review〉는 러시아의 저위력low-yield 핵탄두의 위험에 대해 경고하였는데, 러시아가 약 2,000여 개의 전술 핵무기를 현대화하고 있으며 실질적으로 사용 가능한 핵 억지력을 강화하고 있다는 내용이었다. 냉전이 끝나고 미국은 보유하고 있던 비전략 핵무기를 감축하기 시작했으나, 러시아는 기존의 전술 핵탄두를 교체하고 개량하는 핵전략 작업을 진행했다. 이러한 러시아의 핵 능력 강화에 대응하기 위해 트럼프 행정부는 저위력 핵무기 개발을 통해 실질적으로 사용이 가능한 핵 억지력을 향상시키는 정책을 추진했다. 즉 저위력 SLBMTrident-II, 저위력 핵탄두, 저위력 핵 순항 미사일Tomahawk SLCM 등을 개발하기 시작했는데, 바이든 행정부 들어 저위력 핵 순항 미사일은 폐기될 것으로 보이며, 기존의 저위력 핵무기에 기반한 억지력은 계속 유지될 것으로 예상된다.

푸틴의 핵 사용 가능성 발언으로 인해 전 세계는 저위력 핵무기 사용 가능성의 현실화 추세가 점차 강화되기 시작했으며, 이러한 추세는 최근 북한의 신형 미사일 개발과 향후 예상되는 소형 저위력 핵탄두 실험과 연관된다. 북한은 다양한 신형 미사일을 개발하면서 한국의 방어 체계를 무력화시키기 시작했다. 또한 북한의 7차 핵실험이 소형화·경량화된 저위력 전술 핵탄두일 것이라는 예측이 많은 상황이다. 북한의 전술 핵탄두 시험이 성공적으로 끝나고 실전 배치가 된다면 한국은 매우 큰 안보 공백에 처하게 된다. 주한 미군 기지와 연계되지 않는 한국 영토에 전술 핵탄두를 투하한다면 100명 이하로 사상자 수를 줄일 수가 있다. 도시 지역이 아닌 지역에 투하할 경우 사상자가 거의 나오지 않을 수도 있다. 이렇듯 핵을 실제로 사용하는 시나리오가 가능하며, 이 경우 미국이 한국을 위해 북한에 보복할지 보장할수 없다.

우크라이나전은 일본의 안보 불안감 여론을 조성하기 시작했다. 《니혼게이자이신문》여론 조사에 따르면, 2022년 2월 일본 국민의 77%는 우크라이나 침공이 아시아 지역에서 대만에 대한 중국의 무력행사로 이어져 일본에 대한 안보 위협이 될 것이라는 견해를 가지고 있다.[14]

2022년 열린 미·일 정상회담에서 일본 정부는 방위비를 GDP의 2%까지 증액하겠다는 입장을 밝혔다. 현재는 〈국가 안보 전략서〉, 〈방위 계획 대강〉, 〈중기 방위력 정비 계획〉 등 외교안보 전략의 수정을 꾀하고 있다. 가장 중요한 내용은 그동안 일본이 유지하고 있었던 적 기지 공격 능력을 '반격 능력'으로 변경하는 것이다. 즉 적국의 영역 내에서 일본을 향해 발사하는 미사일을 저지하기 위해 만들어진 적 기지 공격 능력 개념을 더 적극적인 '반격 능력' 개념으로 전환한다는 것이다. '반격 능력' 개념에는 공격 혹은 반격 대상으로 미사일 발사 거점 외에 적군의 지휘 통제 기능까지 포함되어 있는데, 주변 적국의 미사일 능력이 점점 더 진화되면서 미사일 발사 지점만의 타격으로는 일본의 방어를 장담할 수 없다는 논리다.

　이와 함께 고故 아베 신조 전 총리는 '핵 공유론'을 제기하였다. 2022년 2월 아베 총리는 언론에 출연하여 러시아의 우크라이나 침공을 언급하면서 일본의 안보를 위해서는 나토식 핵 공유 등 다양한 수단이 논의되어야 한다고 언급하였다. 또한 흥미로운 점은 일본 국민의 헌법 개헌 여론이 과반을 넘어서기 시작했다는 점이다.《아사히신문》이 2022년 7월 16~17일 시행한 여론 조사에서 "헌법 9조를 개정해 자위대 존재를 명기하는 방안에 찬성하느냐"는 질문에 51%는 "찬성", 31%는 "반대"라고 답변했다. 일본 국민은 전통적으로 반전 여론이 강했는데, 헌법 개정에 대한 여론이 절반을 넘어선 것은 이번이 처음이었다. 또한 자위대가 '반격 능력'을 보유하는 방안에 대해서도 찬성이 50%, 반대가 40%였다. 러시아의 우크라이나 침공, 북한의 신형 미사일 시험 발사, 중국 위협론 등으로 인해 안보 불안감이 고조된 결과로 해석된다.[15]

03
점점 거세지는
미국의 중국 견제

미국과 중국은 구소련 견제라는 공통의 목표를 가지고 1979년 국교 정상화를 이루어내었다. 이후 미국은 중국에 대한 막대한 지원을 이행했으며, 냉전이 종식된 이후에는 중국을 미국 중심의 자유주의 국제 질서 내에 편입시키는 정책을 펼쳐왔다. 그러나 중국은 미국의 의도대로 변하지 않았다. 트럼프 정부 들어서 미국은 무역 적자를 줄이기 위한 이익 갈등으로 미·중 관계를 몰고 나갔다. 이후 코로나19 상황이 악화되자 트럼프 정부가 미·중 갈등을 이념 갈등으로 만들어나가면서 미·중 간 경쟁 구도가 점점 격화되기 시작했다.

바이든 정부는 미·중 전략 경쟁을 추진하고 있다. 중국 공산당의 변화 또는 붕괴는 현실적으로 어렵다는 판단 아래 중국과의 전략적 경쟁에서 승리하겠다는 것이다. 이를 위한 정책적 수단은 하나하나 진전되는 상태이다. 2022년 중간 선거를 앞둔 바이든 행정부는 중간 선거 승리를 위해 대중국 강경 정책을 적극 추진할 것으로 보인다. 현재 중국 정책은 미국 내 여론에 기반하여 공화·민주 양당이 초당적으로 강경한 방향으로 의견이 일치한다. 따라서 대중국 강경 정책은 지속될 것으로 보인다.

가치와 인권에 기반한 경쟁 심화

민주주의 가치를 중심으로 동맹을 강화하고 국제 협력을 이끌어서 리더십을 되찾겠다는 것이 바이든 외교정책의 핵심이다. 외교 최우선 순위 어젠다는 자유 세계와 단합하여 부상하는 독재 정권에 대항하고, 인권 문제를 지적하면서 민주주의 국가들과 단합하겠다는 것이다. 바이든 행정부는 이미 2021년 민주주의 정상 회의를 개최했으며, 중국의 인권 상황을 이슈화했고, 이를 기반으로 대중국 베이징 올림픽 보이콧을 단행하기 시작했다. 이처럼 민주주의 가치를 중심으로 한 대중국 견제는 향후에도 파트너 국가들을 단합시키는 중요한 수단으로 계속될 것으로 보인다.

또한 바이든 대통령은 2021년 12월 위구르족 강제 노동 금지법에 서명했다. 이 법안은 신장에서 생산되는 제품이 강제 노역에 의한 것이 아님을 증명하지 않는 한, 수입을 전면 금지한다는 내용이다. 태양광 패널 핵심 재료 폴리실리콘 세계 공급량의 45%가 신장 지역에서 생산된다. 35%는 신장 지역 이외의 중국 다른 지역에서 생산된다. 이러한 조치는 향후 친환경 에너지 전환에 속도를 내려는 미국에도 파급을 불러올 것으로 보인다. 2022년 2월에는 미 상원에서 제품 생산에 강제 노동이 동원되지 않았다는 점을 명확히 하기 위해 해당 기업이 감사를 받도록 하는 내용의 법안(노예 없는 사업 인증 법안)이 초당적으로 발의됐다.

문제는 이 같은 가치 중심의 중국 견제가 동맹국들을 얼마나 단합시킬 수 있느냐이다. 현재 미국과 함께 중국 견제에 적극적으로 나서는 국가들은 서구 국가들, 앵글로색슨 국가들, 일본 등이다. 기타 국가들, 특히 동남아 국가들은 중국 견제에 미온적인 상태이다. 그리고 중국의 일대일로 정책으로 경제적 수혜를 입은 국가들은 친중국적인 성향을 보인다. 추후 미국이 새로운 인도·태평양경제프레임워크IPEF, 글로벌 공급망 구축 등을 통해 파트너 국가들에 경제적 수혜를 얼마나 안겨줄 수 있을지가 향후 미국의 패권 지위를 결정짓는 주요 요인이 될 것으로 예상된다.

유연한 인도·태평양 전략 추진

바이든 행정부의 인도·태평양 전략은 매우 느슨한informal 형태의 쿼드Quad 개념으로부터 시작했다. 실제로 2021년 3월 21일 가진 첫

미국·일본·호주·인도로 구성된 안보 협의체 '쿼드'

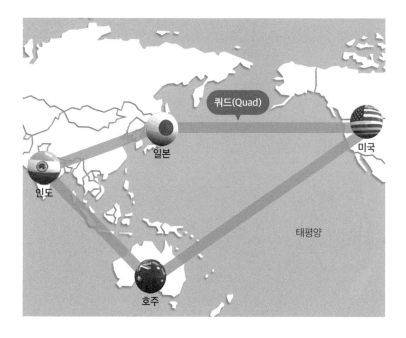

번째 쿼드 화상 정상회담은 자유롭고 개방되고 규칙에 기반한 질서를 강조하였다. 그리고 기후변화, 기술, 코로나 협력을 역설했다. 쿼드 국가 간의 군사 의제는 빠졌으며, 중국이라는 단어도 담기지 않았다. 바이든 행정부는 느슨하고 유연한 형태의 쿼드 협의체를 통해 다양한 국가들의 협력을 유도하기 시작했다. 이를 시작으로 미국은 오커스 Australia, United Kingdom, United States, AUKUS를 통해 군사적 소다자주의를 본격화하기 시작했다. 바이든 행정부는 이처럼 이슈별 소다자주의를 지속적으로 추진할 것으로 보인다.

2021년 바이든의 인도·태평양 전략의 특징 중 하나는 EU 국가들의 참여 확대에 있었다. 이 같은 현상은 2022년에 더욱더 확대되고 있다. 현재 영국, 프랑스, 독일, 네덜란드 등 많은 EU 국가들이 쿼드 국가들과의 협력을 추진하고 있다. 영국은 2027년까지 5G 통신망에서 화웨이 퇴출을 약속했다. 영국은 2017년 미국과 필리핀의 남중국해 '발리카탄 훈련Balikatan Drills'에 참여했으며, 2019년 미국과 호주의 '탈리스만 세이버Talisman Saber' 훈련에도 동참하였다. 영국은 2021년 5월 인도·태평양 지역에 신형 항공모함인 퀸엘리자베스 항모 전단을 파견하고 영·미·일이 공동 훈련을 진행하기로 합의하였다. 프랑스는 2019년 5월 남중국해에서 미국 구축함 윌리엄 로렌스함과 일본·인도·필리핀 해군과 함께 '항해의 자유'에 참여하였다. 또한 프랑스는 2020년 인도·호주·프랑스 간 국장급 3자 대화에 참여했으며, 2021년 4월 쿼드 4개국과 함께 인도 벵골만에서 합동 해상 훈련을 진행하였다.

이 같은 다양한 국가들의 인도·태평양 전략 참여는 더욱더 강화될 것으로 보인다. 특히 미국과 전통적인 우방 관계인 서유럽 국가들의 인도·태평양 전략은 점차 확대될 것으로 예측된다. 이를 통해 미국은 아세안 국가들의 미온적 태도를 보완하고 인도·태평양 전략을 더욱 국제적 이슈로 부각하려 할 것이다. 일본 역시 이러한 추세에 긍정적인 입장이다. 그 이유는 첫째, 유럽 국가들의 인도·태평양 지역 참여를 통해 자국의 안보 불안감을 상쇄시킬 수 있으며, 둘째, 현재 추진 중

인도·태평양 경제프레임워크(IPEF) 출범

중국 주도의 다자 무역 협정	미국 주도의 경제 협력 채널
역내 포괄적 경제 동반자 협정(RCEP)	**인도·태평양 경제프레임워크(IPEF)**

🇨🇳 중국	🇰🇷 한국	⚪ 일본	호주	🇺🇸 미국	
⭐ 미얀마	뉴질랜드	싱가포르		인도	
라오스	필리핀	말레이시아			
캄보디아	태국	인도네시아			
15개국 참여	브루나이	⭐ 베트남		**13개국 참여**	

자료:《중앙일보》

인 안보 전략의 변경을 위한 긍정적인 분위기가 만들어지기 때문이다. 또한 미국은 그동안 정체되어 있던 한·미·일 협력 체계를 적극적으로 강화할 것으로 예상된다.

바이든 행정부는 인도·태평양경제프레임워크IPEF를 출범시켰다. IPEF는 자유 무역 체제 복원·공급망 안정화·디지털 경제(AI, 6G 등)· 탈탄소 협력·인프라 협력 등 다양한 모듈로 구성되며, 모듈별로 적합한 국가들과의 유연한 협력 체제를 구축하고 있다. 이는 기존의 무역 기구 구축과 비교해 포괄적인 영역을 다루는 기구이며, 중국이 점령한 CPTPP에 대한 견제 역할의 의미도 지니는 것이다.

글로벌 공급망 강화

글로벌 공급망 구축은 바이든 행정부 대중국 견제의 핵심 정책이다. 바이든 행정부는 2021년 2월 24일 반도체, 배터리, 희토류, 의약품에 대한 100일간의 공급망 검토 행정 명령을 내렸다. 그리고 향후 1년간 국방, 공중 보건, IT, 운송, 에너지, 식품 생산 분야의 공급망을 검토하라고 지시했다. 쿼드 정상회담에서 주요 협력 의제는 보건 협력, 신기술, 기후변화였는데, 미·일 정상회담, 한·미 정상회담, G7 정상 회의에서도 협력 의제는 동일하게 합의되었다. 즉 미국은 다양한 국가와 코로나19 보건 협력, 기후변화 관련 협력, 5G·6G 등 신기술 협력을 이루어내고 있으며, 이를 통해 중국을 배제한 공급망 구축을 추진하고 있다.

이 같은 미국의 공급망 구축은 점점 더 촘촘해지고 있다. 이미 주요 파트너 국가들의 반도체 분야 기업체들에 정보 제출을 요청했으며 중국에 대한 반도체 수출을 줄일 것을 압박하기 시작했다. 현재 미 국무부는 주요 첨단 산업 부문별 글로벌 공급망 지도를 만들고 있으며, 촘촘한 공급망 지도를 계속 업데이트하면서 중국 배제 전략을 추진하고 있다.

미국은 공급망 구축을 통해 다양한 인센티브를 참여국들에 제공하기 시작했다. 미 상원은 이와 관련하여 2021년 6월 〈미국 혁신 경쟁법USICA〉 법안을 통과시켰다. 이 법안은 〈무한 프론티어법〉, 〈반도체 및 통신법〉, 〈전략적 경쟁법〉, 〈중국 도전 대응법〉, 〈2021 무역법〉, 〈미국 미래 수호법〉 등 총 7개 세부 법안으로 구성되어 있다. 중국 견제를 위한 모든 수단이 총망라된 법이다. 미국 가치 수호, 중국의 외교안보적 위협에 대응, 중국의 인권 탄압 등에 제재 부가, 금융·시장 교란 등에서 중국 제재, 미국의 부작용을 최소화하는 디커플링 추진 등 다양한 내용이 포함되어 있다.

글로벌 공급망과 관련해서는 반도체 산업 육성을 위해 5년간 520억 달러를 배정하는 내용이 들어가 있다. 이어 2022년 2월 4일 〈미국 경쟁 법안America COMPETES Act〉이 하원을 통과했다. 주요 내용은 반도체 산업 육성을 위해 520억 달러를 지원하고 공급망 차질 완화를 위해 450억 달러를 지원한다는 내용이다. 이러한 막대한 지원을 통해 미국의 공급망 구축에 협력하는 해외 기업들에 대해 추가적인 경제적 혜택을 부여하겠다는 입장이다.

군사 전략 강화

미국은 대중국 군사 전략을 구축하고 있다. 중국의 반접근 지역 거부 전략에 대응하기 위해 재래식 무기 체계를 현대화하고 더욱 유연한 역동적 전력 전개Dynamic Force Employment에 기반하여 대중국 억지력을 향상시킬 것으로 예상된다. 즉 타 지역의 미군을 한시 역동적으로 이

동할 수 있는 소위 통합 억지Integrated Deterrence 개념에 기반하여 대중국 견제에 집중하겠다는 것이다. 미국은 중국의 반접근 지역 거부A2/AD 전략에 대응하기 위해 기존의 공·해 전투 개념AirSea Battle Concept에서 합동 전투 개념Joint Warfighting Concept으로 전환하기 시작했다. 이는 중국의 지대함 미사일 능력 진전과 함께 이 지역에서 미·중 간 전쟁이 발발할 경우 승리하기 위한 개념이다. 핵심은 신속한 네트워크 구축에 있다. 즉 전쟁에서 승리하기 위해 전투 상황에 신속하게 대응하기 위한 의사결정이 중요하며, 미국은 이를 위해 AI를 활용한 의사 결정 체계를 구축하겠다는 것이다. 또한 중국의 지대함 미사일 능력에 대응하는 해군력 구축을 위해 무인 군함화 전력을 구축하고 이를 효과적으로 운영하기 위한 6G 능력을 확보하겠다는 계획이다.

현재 미국은 러시아와의 INF(중거리 핵전력 폐기) 협정을 종료한 상태이며, 이로 인해 대중국 억지력을 강화하려 할 것으로 보인다. 즉 기본의 미사일 방어 체제에만 의존했던 전략에서 벗어나 일본, 한국, 호주 등 동맹국들에 미국의 중거리 미사일 배치를 추진하기 시작하고 있다. 미국은 지상 발사 미사일, 미사일 방어 시스템, 전자전 전력 등을 이 지역에 배치하려는 계획을 세우고 있다. 즉 중장거리 미사일 배치를 통해 원거리에서 중국의 둥펑21, 둥펑29와 같은 지대함 미사일들을 타격할 수 있도록 하겠다는 것이다. 미국이 보유하고 있는 지상 기반 정밀 유도 병기ground-launched precision-guided munitions에는 다연장 로켓 시스템Guided Multiple Launch Rocket System, GMLRS, 육군 전술 미사일 시스템Army

Tactical Missile System, ATACMS, 정밀 타격 미사일Precision Strike Missile, PrSM 등
이 있다.

현재 주한 미군이 보유하고 있는 ATACMS 미사일은 지대지 미사
일로서 중국의 반접근 지역 거부A2/AD 전략에 효과적으로 대응하기
어려운 측면이 있다. 미군은 현재 INF 조약 파기 이후 주한 미군이 보
유하고 있는 사거리 300km의 ATACMS 미사일을 지대함 미사일 기
능을 보유하고 있는 PrSM 미사일로 교체하고 있으며, INF 파기 이후
미국은 PrSM의 사거리를 현재 500km에서 750km까지로 연장 추
진하고 있다. 또한 미국은 전략 장사정포strategic long-range cannon, SLRC•를
동맹국들에 배치하여 중국을 견제하는 방안도 검토 중이다.[16]

2021년 〈국방수권법NDAA〉은 화웨이 등 중국 5G 장비를 사용하
는 국가에 대해 미군과 주요 군사 장비 배치를 재고再考하겠다는 내용
이 포함되어 있다. 또한 태평양 억지 구상Pacific Deterrence Initiative을 위해
총 12개 항목에서 국방비를 늘릴 계획을 담고 있다. 태평양 억지 구상
은 인도·태평양 지역에서 미군의 억지력과 방어 태세 강화를 강화하
는 데 중점을 두고 있다. 12가지 항목에 투자하겠다는 내용인데, 동맹
국 및 협력국과의 상호 운용성과 정보 공유 개선, 동맹국 및 협력국과
의 양자·다자 연합 훈련 등이 포함되었다. 그리고 무인 항공 체계 및

• 2018년부터 미국은 중국 A2/AD 전략을 무력화하기 위해 사정거리 1,000마일의 곡사포를 개
발 중이다.

전구theater 내에 순항 미사일, 탄도 미사일, 초음속 미사일에 대한 능동적·수동적 방어, 차세대 장거리 정밀 타격 체계 구성, C4I(지휘·통제·통신·컴퓨터·정보)와 감시 정찰 체계 등에 대한 투자를 강화하는 방침이 담겼으며, 버지니아급 핵 추진 공격 잠수함SSN 두 척의 건조 예산을 책정했다.

　미국은 쿼드 국가들 및 관련 국가들과의 군사 훈련과 협력 또한 가시화하기 시작했다. 2020년 11월 인도 주최의 두 차례 말라바르 해상 훈련에 미국, 일본, 호주가 참여하였다. 말라바르 훈련은 1992년 인도 해군과 미 해군 훈련으로 시작되었으며 일본은 2015년 훈련에 참여했다. 2021년에는 호주가 13년 만에 참여해 쿼드 4개국이 모두 훈련에 참여하게 되었다. 또한 인도와 일본은 2020년 9월 상호 군수 지원 협정Acquisition and Cross-Serving Agreement, ACSA, 인도와 호주는 2020년 5월 상호 군수 지원 협정Mutual Logistics Support Agreement, MLSA을 체결하였다. 미국과 인도는 2020년 10월 군사 지리 정보 공유를 위한 '기본 교류 협력 협정BECA(베카)'을 체결했는데, 양국은 2002년 '군사 정보 보호 협정GSOMIA'을 시작으로 '군수 지원 협정LEMOA'과 '통신 상호 운용성 및 보안 협정COMCASA'을 각각 2016년과 2018년에 체결한 바 있다. 미국과 인도의 군사 협력은 본격적인 단계로 진입했다.

04
한국의 대응 방안은?

장기적인 미·중 경쟁에 대비해야

미·중 경쟁은 장기간 계속될 것이다. 중국의 GDP가 미국을 추월하더라도 미·중 간 격차는 크지 않은 채 지속될 것이며, 미국이 재차중국 GDP를 추월할 것이라는 예측도 나오고 있다. 이러한 미·중 경쟁은 향후 30~50년간 지속될 것으로 예상된다. 이는 한국과 같은 매우 불리한 지정학적 위치를 가지고 있는 나라에는 저주와도 같은 얘기이다. 한국은 지리적으로는 중국 대륙에 속해 있지만, 한국의 가치와 정치 및 경제 체제는 미국과 더욱 유사하다. 자유민주주의 체제를 유지해야 하는 한국이 중국 대륙에 속해 있다는 사실은 한국의 외교를 매우 어렵게 만드는 환경이 되고 있다. 최우선 과제는 한국의 정치·경제 체제와 가치를 지키기 위해 중국의 영향력이 한국으로 확장되는 것을 막는 것이다. 그러려면 현재 한국에 미국과의 동맹 관계는 매우 중요하다.

더욱더 힘든 상황은, 미·중 경쟁이 제로섬으로 진화하고 있다는 것이다. 미국과의 동맹 관계를 강화한다는 것은 중국을 견제하는 미국과 함께한다는 것을 의미한다. 이에 대한 중국의 보복을 감수해야 한다는 얘기다. 한·중 경제 관계에 금이 갈 수 있다. 과거 미국 대 중국 구도에서 한국이 6:4 정도로 미국 쪽에 기울어져 있었다면, 이제는 7:3이나 8:2로 바뀔 수밖에 없는 상황이다. 이제 한국은 안일한 전략이 아닌 험난한 전략을 대비해야 한다. 최선의 전략을 만들 수 없는 험난한 상황을 각오해야 하며, 이에는 손실이 뒤따를 수밖에 없기 때문이다. 이익을 최대화하는 전략도 중요하지만, 손실을 최소화하는 전략이 동시에 마련되어야 한다.

가장 중요한 것은 현 상황에서 일단 한국의 사활적 이익이 무엇인가를 정의하는 일이다. 한국에 중요한 이익을 선정하고 이를 기준으로 행동해야 한다. 주권, 안보, 체제, 가치, 경제적 이익 등을 고려해야 한다. 상황에 따라 이러한 국익 중에 중요도와 시급성이 높은 국익을 먼저 고려하는 외교 전략이 필요하다. 그리고 이러한 사활적 이익에 기반한 우리 태도를 일관적으로 보여줄 필요가 있다. 경제 보복이 있다고 해서 태도를 바꾸는 것은 우리의 이익을 지키는 데 도움이 되지 않는다. 한국의 국익이 무엇인지, 이것이 얼마나 중요한지를 일관적으로 보여주어야 한다.

여전히 무게 추는 미국

오바마·트럼프 행정부와 달리 바이든 정부는 미·중 경쟁을 제로섬으로 전개하고 있으며, 주변국들에 미국 쪽으로 들어오라고 요구하고 있다. 더 이상 미·중 간 균형을 잡기 어려운 국면이 도래했다. 과거 오바마 행정부는 중국과의 협력을 중시하면서 대중국 견제보다는 G2 협력을 강조하였다. 트럼프 행정부 들어서 대중국 견제가 시작되었지만, 당시 미국은 일방주의적으로 중국을 견제하였다. 즉 미·중 사이에서 한국은 외교적 공간을 누릴 수 있었다. 그러나 바이든 행정부는 미·중 경쟁을 제로섬으로 만들고 있다. 동맹국들과 파트너 국가들에 미국 쪽으로 오라는 요구를 하며, 이에 응하지 않으면 미국 시장에 대한 접근을 제한하는 조치를 부과하기 시작했다.

이런 와중에 바이든 행정부는 한·미 동맹의 목표를 중국 견제로 확장하기 시작했다. 즉 한·미 동맹의 전략 목표와 위협 인식의 변화가 일어나기 시작했다. 과거 한·미 동맹은 북한 위협에 대응하기 위함이었으며, 중국 견제는 한국 입장에서 부담스러운 것이었다. 그러나 미국은 북한보다는 중국 견제를 위한 한·미 동맹을 원하기 시작했다. 2021년 5월 한·미 정상 회담에서 양국은 북한에 대해 큰 틀에서 한반도의 완전한 비핵화에 합의하였으며 비록 구체적인 이슈에 대해서는 완전히 합의되지 못했지만 북한 비핵화를 위해 대화가 필요하다는 것에는 합의하였다. 그러나 동시에 글로벌 공급망 구축, 대만 문제 등에서의 협력에 대한 합의를 이끌어냈다. 중국 문제와 관련해서 양측이 협력 분야를 확대하기 시작한 것이다.

이런 상황에서 한국의 신정부는 한·미 동맹에 방점을 찍고 한·미 동맹을 기술 동맹으로 발전시키기 시작했다. 실제 한국의 기업들이 미국의 글로벌 공급망에 들어가면 많은 경제적 혜택을 받을 수 있다. 미국의 원천 기술 이전, 미국 시장 접근의 확대 등 지금까지 미국의 경제력 하락으로 가능하지 못했던 것들이 가능하게 된다. 과거 가치 대 이익이라는 프레임 속에서 미국이냐 중국이냐를 논했던 상황과는 다른 상황이다. 이제 미국은 자국 편에 들어가는 국가들에게는 경제적 인센티브를 부여하고, 그렇지 않은 국가들에게는 경제적 불이익을 부과하고 있다. 가치와 이익 모두를 미국이 제공하고 있는 것이다. 이러한 상황에서 한국의 첨단 기술 산업 기업들이 점차 중국에서 발을 빼기 시작하고 있다.

중요한 것은 대만 이슈이다. 대만 이슈가 불거질수록 한국의 군사적 기여에 대한 미국의 압박이 강해질 수 있다. 이미 한국은 이미 미국 중심의 다자간 군사 훈련에 참여하기 시작했으며, 이 같은 추세는 계속될 것으로 보인다. 또한 미국이 남중국해 견제를 위한 중거리 미사일을 한국에 배치하려 할 경우, 한국은 외교적 고민에 빠질 수 있을 것이다. 그러나 대만은 한국에 있어서 사활적 이익이 아니다. 한국의 사활적 국익이 무엇인지를 고민하고 정의할 필요가 있다.

과거 미국의 한 인사가 이런 말을 했다. "한국이 미·중 사이에서 계속해서 애매한 태도를 보이면, 시간이 지나 어느 순간 '제2의 애치슨 라인Acheson line'이 그어져 있을 것이다." 미국이 한국의 안보 전략적 가치를 강등하기 시작하면 한국은 중국 대륙에 예속되는 국가로 전락할 수밖에 없다. 이러한 상황은 결국 러시아에 침공당한 우크라이나의 상황을 불러일으킬 것이다. 한·미 동맹은 여전히 우리가 활용할 수 있는 대중국 자율성 확보를 위한 수단이 된다. 한국이 글로벌 리더 국가로 발돋움하기 위한 자강의 노력을 기울임과 동시에, 한·미 동맹 강화를 통해 현 국제 정세에 걸맞은 외교 전략을 치밀하게 만들어야 하는 순간이 왔다.

중국은 잠재적 위협인가?

한·미 동맹을 강화하는 동시에 한중 관계 역시 중요하다. 중국은 지속적으로 한·미 동맹의 대중국 군사적 위협에 대한 우려를 표명해 왔다. 중국은 한국의 사드 배치 이후 경제 보복과 함께 소위 3불不 입장을 한국에 강요했다. 사드 추가 배치 불가, 한·미·일 군사 동맹화 불가, 미국 미사일 방어 체계 편입 불가가 그것이었다. 현재 배치한 사드의 운용마저도 반대하고 있다. 신정부는 3불 입장에 대한 전 정부의 입장을 이어받지 않겠다는 메시지를 중국에 명확하게 전달했다.

중국은 한국에 어떤 존재인가? 중국은 한국에 위협인가? 미국의 힘이 약해지고 주한 미군이 철수하는 때가 온다면, 한국은 중국을 어떻게 대해야 하는가? 역사적으로 한·중 관계는 주종 관계였다. 한국은 중국의 침략을 막기 위해 조공을 바쳐야 했다. 향후 그러한 한·중 관계를 되풀이할 수 있는가? 한국의 전략적 자율성 확보를 위해 한국은 어떤 대중국 전략을 고민해야 하는가?

사드 배치와 이로 인한 중국의 경제 보복 이후 중국 위협론에 대한 논의가 일어나기 시작하고 있다. 한국은 중국과의 관계를 우호적으로 가져갈 필요가 있다. 그러나 중국의 경제 보복에 대해 지나치게 우려할 필요는 없다. 더 이상의 경제 보복은 한·중 관계를 완전히 훼손시킬 것이다. 중국의 한국에 대한 경제 보복은 더 이상 단행하기 어려운 측면이 있다. 한국에만 손해를 입히는 것이 아니기 때문이다. 우리의 이익에 대한 확실한 입장을 일관되게 유지해야 하며, 이를 기반으로 하여 한·중 양국의 국익이 모두 다 존중되는 관계를 만들어야 한다.

장기적 다변화 전략 필요해

한국은 중국에 대한 전략적 자율성 확보를 위해 외교 및 무역 다변화를 지금부터 중장기적으로 추진할 필요가 있다. 지난 정부의 신남방 정책은 사드 배치 이후 중국의 경제 강압에 대응하여 외교와 경제를 다변화하기 위해 시작되었다. 동남아 지역은 대중국 경제 의존도를 다변화하기에는 부족하다. 이제 제2, 제3의 지역으로 다변화 대상을 확대해야 한다.

신정부는 한국판 인도·태평양 전략을 만들고 있다. 신정부는 인도·태평양 지역의 급변하는 정세에 더욱 능동적으로 대응하기 위해 신남방 정책을 뛰어넘어 규범과 원칙에 기반한 전략적 측면을 강화하는 포괄적 지역 전략을 만들겠다는 포부이다. 즉 역내 국가들과의 지역 경제 협력을 뛰어넘는 지역 안보 협력 관계를 구축하겠다는 것이다. 중요한 점은 한국의 인도·태평양 전략과 미국의 인도·태평양 전략이 동일시되어서는 안 된다는 점이다. 미국과의 협력이 중요하지만, 한국의 인도·태평양 전략에는 한국의 사활적 이익이 먼저 정의되어야 하고 이에 기반한 전략 목적이 분명하게 기술되어야 한다. 이를 달성하기 위한 정책적 수단 역시 구체화되어야 한다. 현 미·중 경쟁 구도에 구속되지 않는, 우리의 국력에 걸맞은 자율적인 지역 전략을 고민해야 할 때이다.

미주

2장 국내 경제를 위협하는 스태그플레이션과 부채의 역습

1 KDI, 〈부실기업 구조조정 지연의 부정적 파급효과〉, 2014.

2 Caballero, R. J., T. Hoshi, and A. K. Kashyap. 2008. "Zombie Lending and Depressed Restructuring in Japan", *American Economic Review*, 98 (5): 1943-1977.

3장 푸틴과 에너지 게임, 그리고 민주주의 위기

1 〈월스트리트저널〉 2022년 1월 20일 기사
https://www.wsj.com/articles/putin-russia-ukraine-soviet-11642693621

2 〈뉴욕타임스〉 2022년 2월 15일 기사
https://www.nytimes.com/2022/02/15/us/politics/us-russia-putin-intelligence.html

3 〈폴리티코〉 2018년 7월 16일 기사
https://www.politico.com/story/2018/07/16/putin-trump-win-election-2016-722486

4 위키피디아 https://en.wikipedia.org/wiki/Russian_apartment_bombings

5 골드만삭스의 2022년 3월 7일 보고서
https://www.goldmansachs.com/insights/pages/gs-research/squaring-russias-missing-barrels/report.pdf

6 국제에너지기구(IEA)의 2022년 7월 18일 블로그
https://www.iea.org/commentaries/coordinated-actions-across-europe-are-essential-to-prevent-a-major-gas-crunch-here-are-5-immediate-measures

7 유럽의 에너지 리서치 회사 ICIS의 분석 보고서
https://www.icis.com/explore/resources/news/2022/08/12/10733319/topic-page-war-in-ukraine-gas-crisis/

8, 9 유럽연합(EU) 집행위원회의 2022년 7월 20일 발표

https://ec.europa.eu/commission/presscorner/detail/en/ip_22_4608

10 국제에너지기구(IEA)의 2022년 7월 18일 블로그

https://www.iea.org/commentaries/coordinated-actions-across-europe-are-essential-to-prevent-a-major-gas-crunch-here-are-5-immediate-measures

11 CNBC의 2022년 7월 27일 기사

https://www.cnbc.com/2022/07/27/putins-new-gas-squeeze-condemns-europe-to-recession-and-winter-of-rationing.html

12, 13 〈야후 파이낸스〉 2022년 7월 28일 기사

https://www.yahoo.com/now/russia-slowed-flows-gas-europe-120515144.html

14 〈로이터〉 2022년 7월 4일 기사

https://www.reuters.com/article/oil-global-jpmorgan-idUSKBN2OF0H1

15 〈로이터〉 2022년 8월 18일 기사

https://www.reuters.com/business/energy/exclusive-russia-forecasts-export-gas-price-will-more-than-double-2022-2022-08-17

16 석유수출국기구(OPEC)의 2022년 8월 3일 발표문

https://www.opec.org/opec_web/en/press_room/6984.htm

17 UBS의 2022년 8월 2일 보고서

https://www.ubs.com/global/en/wealth-management/insights/chief-investment-office/house-view/daily/2022/latest-02082022.html?caasID=CAAS-ActivityStream

18 헤리티지재단의 2022년 7월 15일 보고서

https://www.heritage.org/middle-east/commentary/will-the-war-ukraine-spark-the-next-arab-spring

19 세계식량계획(WFP)의 2022년 6월 6일 보고서

https://www.wfp.org/stories/hunger-famine-and-starvation-750000-people-are-front-line-un-study-says

20 《야후 파이낸스》의 2022년 8월 23일 기사

https://finance.yahoo.com/news/soaring-natural-gas-prices-top-164037449.html

21 유럽외교협회(European Council on Foreign Relations)의 여론 조사

https://ecfr.eu/publication/peace-versus-justice-the-coming-european-split-over-the-war-in-ukraine/#peace-versus-justice

22 《월스트리트저널》에 실린 2022년 8월 3일 칼럼
https://www.wsj.com/articles/winter-in-europe-may-be-springtime-for-putin-ukraine-energy-gas-supplier-war-european-union-shipments-pipeline-11659556722

23 《폴리티코》 2022년 7월 15일 기사
https://www.politico.eu/article/italy-luigi-di-maio-ukraine-war-politics-weapon/

24 골드만삭스의 2022년 3월 17일 보고서
https://www.goldmansachs.com/insights/pages/from-briefings-17-march-2022.html

25 래리 핑크 블랙록 최고 경영자(CEO)의 2022년 3월 주주 연례 서한
https://www.blackrock.com/corporate/investor-relations/larry-fink-chairmans-letter

26 미국기업연구소(AEI)의 2022년 7월 28일 보고서
https://www.aei.org/articles/the-chips-act-far-from-perfect-but-still-very-good/

27 《블룸버그》의 2022년 8월 22일 기사
https://www.bloomberg.com/news/articles/2022-08-22/pimco-capital-group-say-era-of-low-inflation-is-gone-for-good

28 Charles Goodhart, Manoj Pradhan, The Great Demographic Reversal, Palgrave Macmillan, 2020.

29 블랙록의 2022년 중기 전망
https://www.blackrock.com/institutions/en-au/insights/research-and-insights/blackrock-investment-institute/outlook

6장 세계화의 위기와 미·중 경쟁, 그리고 한국의 선택

1 세계화의 다양한 정의를 알아보기 위해서는 David Held & Anthony McGrew, eds., The Global Transformations Reader: An Introduction to the Globalization Debate, Policy Press, 2000. 참조.

2 David Held, Anthony McGrew, David Goldblatt, and Jonathan Perraton, *Global Transformations: Politics, Economics and Culture*, Stanford University Press, 1999.

3 Ngaire Woods, ed., *The Political Economy of Globalization*, Macmillan Press, 2000.

4 Robert Keohane and Joseph Nye, *Power and Interdependence*, Addison-Wesley Longman, 2001, p.229.

5 보다 자세한 설명을 위해서는 Keohane and Nye, *Power and Interdependence*.

6 Richard Cooper, *Economic Policy in an Interdependent World*, MIT Press, 1986, p.71.

7 Michael Zurn, "From Interdependence to Globalization," Walter Carlsnaes, Thomas Risse and Beth Simmons, eds., *Handbook of International Relations*, Sage Publications, 2003, p.236.

8 Robert Keohane and Joseph Nye, "Globalization: What's New? What's Not?" *Foreign Policy*, 118, Spring 2000, p.112.

9 Ngaire Woods, p.3.

10 Buzan, Barry. 1991. "New Patterns of Global Security in the Twenty-First Century," *International Affairs*, 67(3): pp.431-451.

11 Andrey Kortunov, "The Mirages of Westphalia," *Russian International Affairs Council*, August 14, 2020.

12 John J. Mearsheimer, The Great Delusion: *Liberal Dreams and International Realities*, Yale University Press, 2019.

13 Approved by Executive Order of the President of the Russian Federation, Basic Principles of State Policy of the Russian Federation on Nuclear Deterrence, June 2, 2020, https://hansdevreij.com/2022/03/06/basic-principles-of-state-policy-of-the-russian-federation-on-nuclear-deterrence/

14 https://www.hani.co.kr/arti/international/japan/1032840.html

15 https://www.news1.kr/articles/?4746503

16 부형욱, "미국의 군사안보정책과 한미동맹", 〈미국 바이든 행정부 시대 미·중 전략 경쟁과 한국의 선택 연구〉, KIEP, 2021, p.260.